Andrea Silva

Saggio sull'arteterapia e sulla fotografia terapeutica

FOTOGRAFIA TERAPEUTICA PSICODINAMICA

Prima Edizione
Luglio 2021

Terza Edizione
Lugllio 2025

Andrea Silva Photographer

Introduzione

Questo saggio sulla nascita delle terapie artistiche è affiancato dalla mia ricerca intrisa inconsciamente del fascino terapeutico della fotografia e denominata *Diffrazione dell'Io* la cui nascita avvenne nel 2011 durante la correzione de *L'anima dell'artista*; al tempo sperimentavo la tecnica ibrida e portavo con me degli autoritratti in formato ridotto usati anche come segnalibro. Ero in una fase di ribellione per la combattuta abitudine di sottovalutare la fotografia rispetto alle altre arti. Durante la rilettura della prova di stampa cadde su un autoritratto un maggiolino dorato, fu un'epifania e decisi di porlo sulla riproduzione del mio volto per fotografarlo nuovamente, in quel momento nacque la prima fotografia della *Diffrazione dell'Io*.

In quegli anni avevo i miei successi nell'ambito dei concorsi artistici però quell'uso del mezzo fotografico non venne riconosciuto; feci leggere il portfolio ad esperti del settore ma sembrava che non fossi più all'interno della fotografia ed anziché spingere verso l'approfondimento della tecnica consigliavano usi e stili più commerciali. L'arte non mi riconosceva in quanto fotografo e la fotografia non sapeva più dove pormi, anziché evolvere come artista trasformai inconsciamente il mio utilizzo della fotografia in una pratica terapeutica.

La prima parte riguarda l'evoluzione dell'arteterapia e della fotografia terapeutica nella quale ho riassunto le ricerche dalle quali sono ossessionato, nella seconda parte invece ho voluto esser pratico descrivendo vari tipi di esercizi da poter utilizzare durante una terapia a base fotografica.

1. L'ArteTerapia e la Società

1.1. L'Individuo Vacuo

Viviamo costantemente bombardati da informazioni, immagini e suoni in grado di violentarci penetrando le nostre difese ed inoculando messaggi a volte privi di un reale significato. Sotto a questo attacco mediatico subiamo le mode, i prodotti e i marchi contaminandoci di un nulla col quale diventeremo tutt'uno. In questo arido sovraccarico ci viene negata l'umanità, cresciuti in un'epoca nella quale non v'è il tempo per le emozioni ci sentiamo smarriti, incompresi, impreparati nei confronti della vita e costretti a reprimere le nostre reali esigenze. Per riuscire bisogna sempre esser un passo avanti, si deve correre, abbandonare gli altri o venir abbandonati, usarli come gradini, calpestarli per giungere alla cima di quella montagna dalla quale potremo ammirare la nullità della nostra anima rattrappita. Gli sforzi volgono verso obiettivi insoddisfacenti e ce ne accorgiamo quando il mondo ci obbliga ad una brusca frenata ed allora lo vediamo continuare a percorrere la sua corsa senza preoccuparsi di chi lascia nella polvere, sostituendolo od estromettendolo all'istante. Il dover eccedere ci costringe ad un eccesso di autostima nel quale sovrastimiamo le competenze, i talenti, le forze ed il tempo in nostro possesso, il tutto per non cedere ad un senso di inutilità innestato in noi dalla società. La civiltà industriale ci spinge a doverci considerare utili distogliendoci dai bisogni emotivi e creando un forte stress dal quale germoglian le malattie nevrotiche. Continuiamo ostentatamente questa scalata al massacro ed ogni umana debolezza diviene il dubbio di non esser all'altezza delle aspettative costringendoci a crederci vittime di malattie o congiure. Ci crogioliamo in falsi valori o nel vittimismo piuttosto che accettare i limiti. Questo senso di inutilità nei confronti di una civiltà avida crea un circolo vizioso di overthinking, un eccesso di pensiero stagnante e inconcludente in grado di ritorcersi contro di noi. I conflitti irrisolti nella loro impossibilità d'esternazione si trasformano in ansie e depressione, contenuti latenti condannati a sfociare in patologie psicosomatiche. Alcune delle nevrosi ad esempio possono sfociare nella sindrome di Kleine-Levine (forma morbosa di sonnolenza attraverso la quale fuggire alla realtà), in disturbi comportamentali e sociali (come l'ipersessualità, l'irritabilità, la bulimia,...) o in movimenti corporei incontrollabili (piccoli o gravi incidenti causati da movimenti inconsci o rimossi del corpo coi quali causiamo danni a noi stessi). La sopravvivenza mentale e fisica diviene lo sminuimento delle altrui qualità solo per mantenere la parvenza di una superiorità generando in tal modo un circolo di odio e rancore silenzioso. Diffideremo di chiunque in quanto in loro rispecchieremo le nostre stesse brame di ergersi al di sopra delle masse. L'umanità non è più contemplata, rinchiudiamo l'esser animali sociali in una gabbia nella quale la nostra empatia diverrà sempre più emaciata e causa di disturbi psicosomatici. Al pari degli animali imprigionati possiamo vedere gli effetti negativi di queste sbarre s mentali sulla nostra salute. All'interno di una cerchia sociale o nell'ambiente di lavoro ci sentiremo costantemente sotto attacco e martellati senza sosta dalla paranoia saremo solamente in grado di esaurirci. A causa dell'individualismo eccessivo il dolore dell'altro diviene irrilevante e così pure il nostro. Impossibilitati all'esternazione ed alla guarigione fomentiamo il sovraccarico sempre più imminente. Siamo divenuti incapaci di distinguere i sofferenti ed ogni peculiarità personale diviene patologica. Se dovessimo attenerci all'elevazione personale in quanto privazione di peculiarità, o difetti per la società, ognuno sarebbe ciò che di più distante si possa immaginare da esso. Ammiriamo solamente i canoni estetici e le capacità superficiali di relazione, l'individuo perfetto diviene quindi la depersonalizzazione dell'uomo, un involucro vuoto. Incapaci di comprendere l'altrui sforzo ogni atto diviene egoriferito. L'empatia viene sopraffatta e svuotata della propria capacità trasformandosi in una nuova empatia egoriferita. Diviene impossibile riconoscere un dolore altrui in quanto viene considerato un mero veicolo scatenante della nostra sofferenza, dunque una finta sensibilità nella quale annullare in maniera teatrale l'empatia tornando a focalizzarci unicamente su noi stessi.

1.2. La Rottura Generazionale

La nostra debolezza è intrinseca nell'insicurezza che fin da bambini questa società ha inculcato in noi, siamo cresciuti mirando a falsi modelli ed ideali spesso irraggiungibili ed incapaci di soddisfare i bisogni di autorealizzazione necessari per un benessere emotivo. L'illusione d'esser infallibili e migliori è stata una protezione illusoria a causa della quale paghiamo il prezzo con l'impreparazione ai normali ostacoli della vita. Il trauma deriva rottura improvvisa di questo abbaglio e più a lungo perdurerà peggiore sarà l'esperienza della sua rottura. Il medesimo principio avviene inconsciamente nel neonato nei confronti dei genitori, soprattutto per quanto concerne la madre in quanto in grado di soddisfare ogni sua esigenza.

Un disinganno ineluttabile che avviene presto o tardi, molti son cresciuti con mancanze, dipendenze e rotture familiari fin dai primi anni di vita; loro son dovuti maturare prima del tempo ed assumere in sé il valore di proprio genitore e/o capofamiglia.

Come ogni dipendenza legata ad un particolare stadio di formazione avverrà anche in questo caso una rottura alla quale normalmente susseguiranno nuovi allontanamenti in grado di rendere l'individuo sempre più indipendente.

La contemporaneità rallenta questo procedimento di svezzamento rendendolo difficile e violento, l'istruzione e gli stile di vita continuano a spingere sempre più oltre i limiti dell'uomo creando un divario tra figli e genitori ed una rottura generazionale maggiormente netta. I ruoli nelle famiglie sono divenuti frenetici, viene a mancare il tempo e l'attitudine necessarie per accudire e formare i figli, divorati da un'ansia crescente e vacua perdono di vista l'importanza dell'essere genitori. Spinti a ricoprire sempre più ruoli contemporaneamente vengon distratti dalle esigenze della società basata sulla frivolezza. I nonni ai quali fin dagli albori si deve lo sviluppo della prole fan sempre più fatica ad allacciare un rapporto duraturo con loro soprattutto per la tendenza a figliare sempre più tardivamente in favore di un'autorealizzazione ingannevole e priva di sostanza. La terza età oggi vien vista come un peso, son stati svuotati del loro ruolo chiave del tramandar l'esperienza, sostituiti da un adattamento tecnologico convulsivo ed esagitato; son divenuti incapaci di regger il progresso e le loro conoscenze vengon erroneamente considerate obsolete ed incompatibili con la continua evoluzione dell'iperconnessione. Pensiamo alla classificazione delle nuove generazioni mettondole in relazione alla loro capacità d'approcciarsi alla tecnologia, ovvero:

Baby Boomer:
Nati tra il 1946-1964,
son i figli del boom economico.
Generazione X:
Nati tra il 1965-1979,
son i primi a confrontarsi con la tecnologia.
Millennials:
Nati tra il 1980-1994,
son cresciuti assieme alla tecnologia.
Generazione Z:
Nati tra il 1995-2010,
son nati nell'era tecnologica.
Generazione Alpha:
Nati tra il 2010-2024,
son in grado di usare la tecnologia fin dai primi anni.
Generazione Beta:
Nati dal 2025,
Sono maggiormente immersi nella tecnologia e nell'intelligenza artificiale.

Senza lo scontro di opinioni naturalmente generato da queste divergenze non vi sarebbe l'evoluzione del pensiero eppur oggi manca la comprensione a causa di linguaggi troppo veloci e mutevoli. I dispiaceri, i traumi, avvengono dunque all'infrangersi delle certezze e nell'impossibilità di esternare il dolore ad una o più persone in grado di empatizzare la sofferenza disperdendola in un abbraccio di comprensione. I divari e blocchi ai quali siamo sottoposti rendono insoddisfabile questo bisogno di espressione costringendolo a diventar non-verbale, a chiudersi in una sensazione solipstica e criptica perfino per noi stessi. La normalità diviene difficilmente classificabile, il disturbo mentale diventa sottile da cogliere ed analizzare. La nevrosi ad esempio, al contrario della psicosi, non comporta la perdita del contatto con la realtà e compromette l'adattamento sociale solamente entro limiti accettabili; sul limite tra questi disturbi vi è quello della personalità definito borderline. Una prima classificazione tramite la quale distinguere la gravità del disturbo dell'individuo.

Per Otto rank l'ansia nevrotica scaturisce da un trauma verificatosi durante la formazione dell'individuo e nella sua difficoltà d'autoaffermarsi, dall'estraniamento e dal rapporto verso la società in grado di esasperare i conflitti interiori. La mancanza dello sviluppo di un ruolo e di un'utilità ci mettono sotto pressione sociale in una ricerca costante dell'integrazione. Erik Erikson analizzò le età nelle quale le esigenze sociali si consolidano nell'individuo elaborando gli otto stadi di sviluppo psicosociale rapportando età e dilemma di riferimento:

Da 0-1 anni:
Fiducia di base o sfiducia - verso chi lo accudisce.
Da 2-3 anni:
Autonomia o vergogna e dubbio - controllo fisiologico e abilità fisiche.
Da 4-5 anni:
Iniziativa o senso di colpa - organizza attività finalizzate.
Da 6-12 anni:
Industriosità o inferiorità - apprende le norme sociali e le abilità di base.
Da 13-18 anni:
Identità o Confusione di ruoli - scelte professionali, identità sessuale.
Da 19-25 anni:
Intimità o isolamento - instaura rapporti e forma gruppi familiari.

Da 26-40 anni:
Generatività o stagnazione - figli e raggiungimento di obbiettivi.
Da 41 o più anni:
Integrità o disperazione - accettazione della propria identità.

I traumi avvengono dunque all'infrangersi delle certezze e possono interrompere il normale sviluppo sociale in relazione al periodo di formazione e risoluzione dei dilemmi esistenziali. Quest'epoca in particolare ci costringe all'incertezza allungando i tempi delle fasi e destabilizzando la formazione di individui sani e autoaffermati. La persona vittima di disagio vivendo separato dalla sfera sociale avrà una difficoltà di comunicazione delle proprie emozioni. L'errore contemporaneo è quello di considerare scarsamente la normalità e l'assimilamento dei traumi, siamo abituati a collegarli a disturbi mentali di grave entità e nel farlo temiamo di venir estraniati dalla società, eppur ignorando i disagi questi continuan a crescere, spingere e tornare in maniera sempre più inconscia e profonda. Per proseguire nel percorso della vita necessitiamo di guardare al passato ed alle situazioni irrisolte. Celare i problemi irrisolti dietro ad un blocco ci condannerà a vivere sotto pressione ed incatenati a quel pensiero latente la nostra spinta verso il futuro, una volta raggiunto il limite, arriverà la brusca frenata. L'idea dell'uomo proiettato unicamente al futuro è corretta se non si considerano il tempo limitato a nostra disposizione ed i limiti dell'esser umani.

L'animo umano non è mai calmo se non in apparenza eppure non possiamo vivere sospinti dallo stress su questo mare poiché il nostro fisico non è adatto a reggere lo sforzo costante, necessitiamo anche di una brezza leggera o di un po' di calma in questa tempesta chiamata vita. Si raggiunge l'equilibrio divenendo coscienti del nostro esser effimeri e mutevoli. Vittimizzarci ci fa stagnare ed affondare in una pozza di negatività, le disgrazie accadono è l'entropia dell'universo ed è solamente il modo con le quale le si affronta a cambiare ai nostri occhi. Siamo intrisi d'angoscia esistenziale, evitiamo di aggiungere tensione al corpo e per quanto capitani di questa zattera sperduta restiamo pur sempre in balia della corrente.

1.3. L'Insegnamento ed il Simbolico

Da questo si evince che non è la società a fallire ma l'insegnamento a vivere ed a rapportartsi in essa ad esser carente. Miriamo alla conoscenza, alla tecnica, al lavoro, ma dimentichiamo l'uomo dietro a tutto questo sforzo e allora diveniamo più fragili ed intolleranti anche se in apparenza non lo ammettiamo. Anziché affrontare i problemi tendiamo a gonfiarli utilizzando la teatralizzazione nella maniera peggiore e creando drammi sociali superficiali e privi di capacità terapeutiche. Si è diventati passivi nei confronti dei mezzi d'espressione sociali, siamo un ricettacolo nel quale tutto si mescola e perde di senso. Anche l'arte viene inglobata in questo sistema, fraintesa e considerata un mero passatempo divenendo un prodotto commerciale. Non tentiamo di confrontarci col mercato ed i suoi burattini, concentriamoci sulla creazione di ciò che ci fa star bene evitando di peccar di presunzione.

Un'altra arte, terapeutica, riguarda la parte più intima dell'anima e sopraggiunge in aiuto indagando e sdrammatizzando il vissuto traumatico e trasformandolo in un gioco. Quest'arte spontanea è il bisogno di equilibrio e benessere che tentiamo di riacquisire esternando il nostro bisogno di espressione non-verbale altrimenti limitato da blocchi mentali. In questo spazio ludo-terapeutico l'uomo torna bambino e nel farlo riacquisice la propria sicurezza e forza necessaria per reintegrare e risolvere i dilemmi esistenziali rimossi. Tramite un distacco dalla contemporaneità l'arte può permetterci un'introspezione tramite la quale riacquisire una normale capacità d'espressione. Le parole ponderate di un discorso possiedono un peso, al contrario una maggior profondità la si può trovare nel flusso liberatorio della creazione artistica. Un'apertura capace di decontestualizzandoci proiettando un nostro doppio ideologico col quale dialogare su cioè che era sopito ed irrisolto. L'espressione è pura esternazione e tende a cogliere le sfaccettature più fugaci dell'animo: è la materializzazione del bisogno. Nella creazione eccheggiano le onde del mare interiore e si palesa l'inconfessabile.

La terapia basata sull'arte permette il risveglio dell'empatia recuperando un legame profondo vicino all'inconscio collettivo che lega l'intero genere umano ed ogni cultura. Nel caso di un Egomostro, di un ego ipertrofico, agisce come calmante sanando l'empatia atrofizzata alla base dell'nomalia. Denaturalizzandoci la società ostacola l'ascolto delle emozioni, l'arteterapia è la base per il loro risveglio ed il ricollegamento coi propri bisogni esistenziali. Tramite la proiezione del materiale psichico rimosso l'arte allunga una mano al di fuori di quella gabbia creata dall'umanità stessa.

Lo scopo dell'arteterapia è quello di far acquisire al paziente la fiducia nelle sue capacità in conseguenza a un blocco o ad una limitazione traumatica. La prima pulsione a guarire arriva da sé ed improvvisamente, è impossibile capire come e quando possa accadere. Una terapia lenta improntata all'epifania joyciana, ovvero sul trovare una rivelazione spirituale in grado di scaturire da un gesto o un oggetto comune. Attivare una o più passioni può dare una carica emotiva ed una maggiore autonomia in individui timidi, spauriti o depressi risvegliando in loro la spinta a voler indagare se stessi ed il mondo. Bisogna mantenere viva questa fiamma interiore in grado di spingerci verso la realtà. La terapia può aiutare la riabilitazione ad un sano rapporto col mondo; nel caso di un nuovo deficit fisico o psichico, recuperando fiducia e trovando escamotage per lenire quel dolore debilitante. Nei casi di integrazioni funge da legame emozionale con la cultura e la storia dell'altro affievolendo in tal modo un possibile brusco cambiamento di vita donandoci un senso di appartenenza al mondo.

Le esperienze traumatiche influenzano ogni azione o pensiero e queste si riflettono anche nella sviluppo artistico. Indagando l'arte, i gesti, le scelte, si può giungere alla comprensione delle emozioni di chi ha creato l'opera. L'atto del creare nasconde un universo di emozioni inesprimibili. Cancellazioni, arrabbiature, movimenti fan parte del volere verso un concetto che tenta di emergere. Vi sono delle tendenze da parte dell'artista durante la realizzazione dell'opera; un'analisi sul prodotto artistico ed il suo messaggio inconscio necessita un'osservazione del comportamento tenuto durante tale processo. Nello spettatore, al contrario di quanto dovrebbe accadere ad un professionista, subentra un risveglio emotivo correlato alla propria cultura ed esperienza che interferirà con l'immensità taciuta contenuta nell'opera. Privi di empatia o conoscenza del creatore difficilmente potremo entrare in un dialogo intimo con l'opera poiché il messaggio verrebbe contaminato dal nostro vissuto. Il fruitore anziché accedere al messaggio del creatore attiverebbe la proiezione del proprio materiale psichico rimosso sovrapponendolo in un'opera non sua generando un legame empatico collegato all'inconscio collettivo; questo generalmente è il caso del visitatore di uno spazio museale.

La rappresentazione non-verbale artistica ottiene un ruolo di rilievo quando la comunicazione verbale risulta distorta, preclusa o assente a causa di blocchi e traumi. L'opera nasce dall'esperienza personale, è sempre autoreferenziale e proiettata verso uno spettatore in grado di coglierne o interpretarne il significato. L'attività creativa pone l'artista in un ruolo di autonomia nel quale poter rielaborare fisicamente la materia. L'autore si pone in maniera indiretta sotto ai riflettori e tenta d'autoaffermarsi mostrando quanto del mondo ha appreso e sofferto. L'artista avverte un'urgenza di libertà possibile grazie all'arte e trova soddisfazione nell'esternazione mentre il bisognoso di una terapia a stampo artistico necessita di questa introspezione per indagare l'origine del proprio malessere. Il primo si alimenta del suo male e lo usa per innescare processi creativi, ha una forza e convive con i propri demoni finché possibile, il secondo cerca di sanarsi. L'arteterapia ci aiuta a ricollegare noi stessi alla società, è l'ancora in grado d'impedirci il volo pindarico verso l'oblio della ragione. L'arte dovrebbe esser la base dell'insegnamento soprattutto oggi data di un'educazione dell'immagine in grado di salvarci dalla guerra mediatica alla quale siamo costantementi sottoposti.

L'universalità dell'arte non deve essere fraintesa col valore personale che l'individuo può infonderle. Agendo in maniera terapeutica su una persona bisogna sempre tener conto della sua singolarità e sul risveglio delle leve emotive in grado di alimentare il fuoco delle sue pulsioni vitali. Il dolore e l'annicchilimento in alcune persone sono talmente immensi da rischiare di risucchiare e spegnere gli altri. Bisogna fare in modo di ricreare l'autostima capace di risvegliare le forze necessarie per combattere. Il passo più importante durante un'analisi è l'instaurazione della fiducia tra l'arteterapeuta ed il fruitore della terapia, ovvero del trasnfert.

Senza la costruzione di un legame relazionare risulterebbe impossibile il recupero del rapporto col mondo. Tale mancanza, l'incapacità relazionarci col reale e coi suoi significati, viene definita simbolo o simbolico e corrisponde alle seguenti constatazioni:

- Per Sigmud Freud è un'idea concreta usata come sostituto di un'altra idea inconscia.
- Per Hanna Segal l'incapacità di distinguere i simboli dagli oggetti concreti è una caratteristica dello schizofrenico.
- Per Jacques Lacan il simbolico assieme all'immaginario ed al reale è una delle dimensioni del funzionamento psichico ed è fondamentalmente linguistico.
- Per Melanie klein il gioco infantile è un'originaria simbolizzazione in quanto espressione non verbale di emozioni primarie.
- Donald W. Winnicott pone l'oggetto transizionale (un oggetto che genera conforto psicologico e sositutivo) tra la simbolizzazione ed il concreto.
- Per altri autori invece la simbolizzazione viene intesa come sviluppo dei processi psichici che portano alla formazione dei simboli e della capacità di relazionarsi con la società, con i sentimenti e con la realtà.
- Per Howard Gardner è essenziale che il bambino diventi capace di usare i simboli e può servirsi di immagini o elementi, come parole, gesti o figure, con cui rappresentare gli oggetti del mondo e sviluppare sistemi di simboli come il linguaggio o il disegno.

- Secondo Piaget l'ultimo sviluppo di questa capacità di simbolizzazione si verifica nell'adolescente capace di operazioni formali ed in grado di ragionare non solamente tramite azioni o simboli ma comprendendone le implicazioni. Acquisisce dunque la capacità di pensare in modo logico.

La cognizione e l'elaborazione di informazioni implica l'uso di sistemi di simboli altrimenti le indicazioni resterebbero confuse ed amigue. L'uso di simboli è stato la chiave dell'evoluzione e l'origine del linguaggio, dell''arte e della scienza; i risultati creativi più alti sfruttano la facoltà simbolica umana.

La Fotografia Terapeutica Psicodinamica si è sviluppata proprio per l'importanza e per lo stretto legame con il simbolo, difatti è un mezzo di simbolizzazione, lo sono le immagini prodotte e lo è lo scatto in grado di trasformare un ritaglio della quotidianità in un simbolo.

La lettura di una fotografia è la percezione di una intenzione cosciente anche se non sempre sospettata; non ricalca ma derealizza ciò che fissa. L'intenzione dello scatto alimenta la trasformazione del soggetto in simbolo caricandolo di significati.

Ritraendo una persona si costituisce un suo doppio fantasmatico e simbolico che può fungere da contenitore per la proiezioni di carattere patologico. L'individuo vive soggetto a pulsioni del malessere che possono filtrare e rivelarsi nella scelta artistica. Il mezzo fotografico essendo oggi così abusato e denaturalizzato è in grado di cogliere queste vibrazioni fissandole in un'immagine fisica o digitale.

2. Nascita e Sviluppo dell'ArteTerapia

2.1. Dagli albori al 1900

In queste pagine menzionerò i momenti storici grazie ai quali l'interesse scientifico iniziò ad accostarsi al potere terapeutico dell'arte. Collegherò le intuizioni e le vite di quelle persone che furono così importanti per l'arteterapia. Uno studio sul come la società si sia accorta della necessità d'espressione non verbale e della possibilità clinica d'analizzare le opere e l'influenza psicologica che possono avere sull'individuo.

L'arte nella storia umana ha avuto un ruolo prepotente e simbiontico. Nella cultura greca e romana veniva utilizzata per ritrovare un benessere emotivo e superare i propri blocchi interiori. Il primo esempio di uso terapeutico riconosciuto risale al teatro greco la cui origine risalirebbe al VI secolo a.C. e precedentemente menzionato nel mio saggio *La società di vetro* contenuto nella tetralogia dei saggi sull'arte *La salvezza dell'uomo*. Aristotele introdusse il termine catarsi, inteso come purificazione, per riferirsi al potere del teatro greco sul pubblico il quale riusciva ad immedesimarsi nei protagonisti esternando le loro inesprimibili emozioni. Tramite l'uso della maschera gli attori perdevano l'identità in favore di una proiezione nella quale i fruitori identificavano loro stessi o le loro conoscenze. Le rappentazioni a loro familiari in un contesto esterno permettevano il rispecchiamento, il risveglio dell'empatia ed una riflessione oggettiva sul loro vissuto in grado di generare conforto.

Un metodo simile veniva utilizzato nelle cerimonie della confederazione delle sei tribù (fondata dai nativi americani Irochesi) e degli Uroni (Wyandot), i quali infondevano la componente teatrale nella danza, nella musica e nelle maschere le quali incarnavano i comportamenti e i miti degli spiriti. La danza era una componente terapeutica importante delle religioni sciamaniche, improntata sul sociale, il fisico, il movimento e sulla relazione con l'altro.

Militarmente il canto venne usato a scopo terapeutico per creare cameratismo ed esorcizzare le paure evocando gioie e malinconie. Agostino Gemelli nel libro *Il nostro soldato* del 1917 racconterà di come questi canti sorgessero spontanei nelle trincee anche quando l'ordine era di mantenere il silenzio. Ne sono un esempio passato quelli usati dall'imperatore cinese Li Cunxu (885-926) o la Haka Maori (complessa danza usata per esprimere l'emozione di chi la esegue) resa celebre dagli All Blacks neozelandesi.

I canti venivano utilizzati anche dai marinari per lenire le solitudini. Nei tempi di lockdown vi è stato il risorgere spontaneo dei canti marinarechi (sea shanty) in chiave social quasi lo stesso sentimento di lontananza forzata venisse rievocato. Tra questi il più noto resta sicuramente *Soon May the Wellerman Come*.

Nel 1498 venne fondato il manicomio turvo di Edirne nel quale la musicoterapia veniva impiegata come metodo di cura ansiolitica: fu il primo utilizzo clinico dell'arte. Una terapia riscoperta da alcuni innovatori (tra i quali Philippe Pinel) negli ospedali psichiatrici europei dell'ottocento.

Dal 1801 alla sua morte nel 1814 il Marchese de Sade venne rinchiuso nel manicomio di Charenton in Francia. Lì divenne un importante precursore della teatroterapia scrivendo ed allestando opere nelle quali la recitazione venne affidata ai pazienti.

Nel 1813 in Italia l'abate Giovanni Maria Linguiti fu nominato direttore dell'ospedale psichiatrico di Aversa dove nella sua cura morale concesse svaghi e danze. Questa libertà di pensiero sfociò in un metodo precursore della teatroterapia sviluppando una cura nella quale i pazienti coadiuvati da medici consulenti interpretavano ruoli opposti alle passioni o alle idee fisse delle quali erano afflitti.

Nel 1810 Johann Wolfgang von Goethe diede alla luce la sua opera sulle scienze naturali più controversa, *La teoria dei colori (Zur Farbenlehre)* studiando la loro influenza sul cervello dell'uomo. Pone le basi della cromoterapia ed elabora una ruota dei colori ed analizzando i colori Giallo, Rosso-Giallo, Giallo-Rosso, Blu,

Rosso-Blu, Blu-Rosso, Rosso e Verde trova una correlazione tra il colore e la sua capacità di alterare le emozioni.

Nel 1860 Gustav Theodor Fechner con *Elementi di Psicofisica (Elemente der Psychophysik)* studia il rapporto tra le esperienze consapevoli degli individui e le risposte corrispondenti al mondo fisico; ovvero la minima quantità di energia da aggiungere o sottrarre da uno stimolo affinché il cambiamento venga percepito soggettivamente.

Se in una stanza dove sono accese cinquanta candele accendessimo una cinquantunesima candela otterremmo un incremento dell'intensità fisica. Continuando ad aggiungere candele arriveremo ad avvertire un cambiamento soggettivo nella luminosità della stanza. Questa percezione sarà la soglia differenziale: il momento esatto in cui l'intensità dell'energia fisica crescente in maniera lineare raggiunge il punto di rottura con l'esperienza percepita dell'osservatore.

Studiò inoltre le linee o figure geometriche appurando una preferenza verso i rettangoli i quali lati erano nel rapporto del phi e quindi la sezione aurea. Iniziò così lo studio sulle reazioni di gradevolezza o preferenza verso il materiale estetico gettando le basi dell'estetica sperimentale. L'importanza degli studi di Fechner verrà rivalutata quando si inizieranno a capire gli effetti dell'arte sulla percezione.

Nel 1864 venne pubblicata la prima edizione di *Genio e Follia* di Cesare Lombroso (la terza, ampliata, verrà stampata nel 1877) in cui l'autore andò a rafforzare la convinzione dello stretto legame tra patologia e genio al quale Aristotele nel *Problema XXX* già si affacciava trattando il tema della melanconia negli uomini di straordinario intelletto e così come pure Arthur Schopenhauer col verdetto "Genio e follia hanno qualcosa in comune: entrambi vivono in un mondo diverso da quello che esiste per gli altri".

Cesare Lombroso, fondatore della pseudoscienza dell'antropologia criminale studiò per primo l'espressione artistica del malato di mente e del criminale indagandone la prosa, la poesia ed il disegno. In uno studio riportò cinquantasette persone mentalmente malate e pittoricamente attive e la sua collezione è una delle prime del genere ed è tutt'ora conservata al Museo di Antropologia Criminale Criminale Cesare Lombroso di Torino.

Vedeva la produzione dei malati mentali come una degenerazione del cervello, la genialità al pari della pazzia: "Tante e tante analogie tra l'alienazione ed il genio, se non dimostrano punto che l'uno e l'altro si debbano confondere insieme, ci apprendono tuttavia come e perché l'uno non sempre escluda l'esistenza dell'altro nel medesimo soggetto". A riprova di quanto il dualismo genio/malattia si sia radicato nella cultura perfino Georg Hirth (fondatore della rivista culturale Jugend e promotore dell'Art Nouveau) nei suoi volumi *Kunstphysiologie (Physiology of Art)* del 1891 affermerà: "le persone con una mentalità relativamente spirituale si perdono in delusioni fisiologiche".

Nel libro del 1872, Auguste Ambroise Tardieu, medico criminologo francese nel suo *Studio medico-legale sulla follia (Étude médico-légale sur la folie)* osserverà i dipinti dei folli riportando il caso di due disegnatori e fornendo le spiegazioni date dagli artisti stessi. Una visione fredda e clinica in grado di gettar le basi per approfondimenti futuri. I suoi studi riguardanti gli abusi su minori lo portarono sul finire del diciannovesimo secolo ad osservare un bisogno d'esprimersi compulsivo nei pazienti.

Nel 1876 *On Judging works of visual art* di Conrad Fiedler rifiuta la tesi kantiana secondo la quale l'arte sarebbe la contemplazione della bellezza anticipando l'*Estetica* di Benedetto Croce del 1902. Per Fiedler un'opera di attività umana può essere compresa a fondo solamente risalendo alla capacità ed allo scopo del suo creatoreal contrario lo scopo del creatore non può esser trovato nel prodotto della natura e nella creazione di un'opera d'arte l'uomo si impegna in una lotta con la natura non per la sua esistenza psichica ma per la sua esistenza mentale. Inoltre svincola l'oggetto artistico dalla sua storia, dall'estetica e dalla filosofia in favore di un'autonomia del giudizio dello sguardo.

Per lo studioso le capacità percettive dei bambini se costrette da una rigida istruzione rischiano d'esser assoggettate ad un blocco delle proprie concezioni visive ed olistiche ed in loro vede la coscienza artistica come una dotazione intrinseca presente fin dalla nascita.

Dal 1875 in Italia nell'ospedale psichiatrico di San Lazzaro di Reggio Emilia iniziarono a conservare circa ottomila opere raccolte dallo psichiatra Carlo Livi e tutt'ora presenti. Tra gli artisti ricoverati al San Lazzaro vi era Federico S. nato da famiglia benestante e laureto in legge, ricoverato con diagnosi di delirio ambizioso nel 1884, reinserito nella società per pochi mesi ed internato nuovamente fino al suo decesso nel 1903 sfruttava le sue capacità per cercare di esporre i propri concetti agli altri ricoverati. Sempre al San Lazzaro tra il 1930 ed il 1940 verrà ricoverato tre volte anche il noto pittore Ligabue, rinchiuso nel padiglione dedicato a Lombroso. Negli ospedali psichiatrici europei era abitudine aprire ateliers ospitando le opere plastiche, i disegni ed i dipinti dei ricoverati.

Nel 1876 Paul-Max Simon riprenderà il lavoro di Auguste Ambroise Tardieu analizzando in maniera diagnostica la produzione classificando i disegni dei pazienti mentalmente instabili e collegandoli a determinati disturbi psichici. Nel trattato *L'imagination sans la folie: étude sur les dessins, plans, descriptions et costumes des aliénés* si interessò alla produzione artistica dei pazienti e lavorando come direttore presso il manicomio francese di Blois riuscì a studiare da vicino le malattie mentali pubblicando tra il 1876 ed il 1903 una serie di studi derivati da questa esperienza. Il suo contributo maggiore fu il tentativo di descrivere e classificare i disegni dei pazienti in termini di raggruppamento nosologici scoprendo la correlazione tra idea interiore e immagine esteriore, pensiero delirante e soggetto pittorico, sintomo e simbolo.

Vissuto dal 1801 al 1881 il lessicografo Émile Maximilien Paul Littré considerava l'espressione un'azione tramite la quale facciamo apparire i sentimenti ed i pensieri interiori. Grazie alla parola, alla penna, alla pittura, alla musica, alla mimica, possiamo manifestare gli stati psichici esprimendo uno stile e sviluppando una singolarità.

Nel 1899 Sigmund Freud pubblicò *L'interpretazione dei sogni* e durante le sue sedute utilizzerà una pratica molto vicina alle future tendenze dell'arteterapia incoraggiando i pazienti a disegnare o dipingere i loro sogni come nel famoso caso del sogno di Sergei Pankejeff, The Wolf Man's Dream. Dal 1911 stabilirà il carattere liberatorio dell'arte definendola "uno strumento tramite il quale l'individuo si mette in comunicazione con l'inconscio permettendogli di gustarne le fantasie senza rimprovero e senza vergogna" e l'artista come "un uomo che si distacca dalla realtà poiché non riesce ad adattarsi alla rinuncia al soddisfacimento pulsionale che la realtà inizialmente esige, e lascia che i suoi desideri di amore e di gloria si realizzino nella vita della fantasia". L'arte era sintomo di una condizione patologica sfociante nella creazione artistica. Nel 1914 entrerà in relazione diretta con l'opera d'arte, i suoi livelli emotivi e la suggestione descrivendo un rapporto intimo nel saggio *Il Mosé di Michelangelo* dove racconterà le sue impressioni su quella scultura che tanto lo intimidiva. Considerava l'opera lo specchio del mondo interiore dell'artista, delle sue strutture e dei suoi processi psichici e l'arte in grado di evitare che divengano sintomi tramutando le fantasie in creazioni e sfuggendo da possibili psicosi aiutando indirettamente il riappropriamento del rapporto con la realtà.

2.2. Durante il 1900

Nel 1901 il critico Marcel Rèja scriverà l'articolo *L'art malade, dessins de fous* al quale seguirà *L'art chez les fous: le dessin, la prose, la poésie* del 1907, mostrando interesse verso l'arte dei folli, i disegni dei bambini, l'arte preistorica e medievale, disegni psichici e molto altro, ponendo le basi per una nuova avanguardia.

Nel 1907 Otto Rank, psicanalista studioso di leggende, miti, arte e creatività, ispirato da *L'interpretazione dei sogni* di Freud scrive *L'artista (Der Künstler)* nel quale spiegherà l'arte attraverso i principi psicanalitici riuscendo ad ottenere l'attenzione del padre della psicanalisi.
Ritiene che l'ansia nevrotica scaturisca da un trauma avvenuto durante la formazione dell'individuo e da un'estrema difficoltà nell'autoaffermazione. La prima esperienza d'angoscia per Otto Frank risale separazione materna della nascita alla quale ne susseguiranno altre fino al raggiungimento della formazione dell'individuo. Per preparare il paziente ad un nuovo inevitabile distacco con il terapeuta fissa la data termine del rapporto fin dal primo incontro. Individua inoltre tre tipi di individui, il nevrotico (difficoltà nell'autoaffermazione), l'uomo medio (in grado di seguire le norme sociali), e l'artista (capace di realizzare le proprie potenzialità vitali).
Nel 1912 insieme a Harvey Sacks fonda la rivista *Imago: linguaggio, poesia e musica* divenendo un ponte di collegamento tra psicanalisi e conoscenza umano-letteraria.

Tra il 1904 ed il 1906 Adolf Wölfli produsse in autonomia una serie di cinquanta disegni a penna e nel 1907 venne in contatto con Walter Morgenthaler lo psichiatra che si accorse a tal punto delle sue elevate capacità da scrivere un libro: *Arte e Follia in Adolf Wölfli*. Wölfli era un contadino svizzero orfano, vittima di violenze fin dalla prima età ed internato nel manicomio svizzero di Waldau nel 1895 come schizofrenico e criminale per aggressione. Quattro anni dopo l'internamento iniziò una spontanea produzione all'interno dell'ospedale psichiatrico imprimendo la propria forza artistica perfino sui muri e sulle porte della struttura. Soffriva di crisi epilettiche, allucinazioni visive ed uditive, era convinto di avere una missione divina e grazie all'espressione artistica appresa divenenne megalomane.

Dagli scritti autobiografici iniziati nel 1909 e dalle composizioni musicali da lui suonate con una tromba di cartoncino si può dire che Wölfli sia il primo artista riconosciuto dell'Art Brut (termine coniato da Jean Dubuffet nel 1945) o dell'Outsider Art (così definita dal critico Roger Cardinal nel 1972); l'Outsider Art a differenza dell'Art Brut ingloba anche le opere d'artisti marginali, autodidatti o naïf (un'arte ingenua ed autoditta). Nel 1912 Paul Klee affascinato dalla sua ricerca incontrò a Berna lo psichiatra Walter Morgenthaler.

Nel 1912 venne fondata e sviluppata da Wolfgang Köhler e Kurt Koffka la corrente di pensiero della Psicologia della Gestalt (psicologia della forma). I primi concetti e studi spostarono l'ispirazione dal divino all'uomo concentrandosi sull'insieme globale della creazione artistica spostando le esperienze sulle percezioni dell'uomo creatore e/o fruitore. Secondo la *Gestalt* l'analisi basata sulla percezione di un'opera è un linguaggio superiore al verbale in grado di raccogliere la complessità degli individui che l'han creata.

Nel 1923 Wertheimer enunciò le leggi della *Gestalt* che spiegano l'origine delle percezioni a partire dagli stimoli: vicinanza, somiglianza, destino comune, continuità di direzione, chiusura, pregnanza, esperienza passata e figura-sfondo.

Successivi studi si svilupperanno dagli anni quaranta in poi tra i quali Kurt Lewin con la *Teoria del Campo* e Fritz Perls con la tecnica denominata *La sedia vuota* (tecnica psicodrammatica nella quale una sedia vuota rappresenta una persona della vita del paziente; tramite tale mancanza potrà creare un dialogo impersonando l'individuo di riferimento e rispondendo anche al punto di vista dell'altro nei suoi confronti).

Tra il 1913 e il 1916 Carl Gustav Jung introduce uno studio dei segni grafici cercando una descrizione visiva del sogno e le emozioni dietro le quali si celano le immagini sviluppando il metodo della psicologia analitica denominato *immaginazione attiva* tramite la quale, in un procedimento simile al viaggio sciamanico o alla meditazione, si possono far sorgere immagini e poesie contenute nell'inconscio; la pratica si attivava focalizzandosi su un'immagine presa da un sogno o riaffiorata dall'inconscio sviluppandola e drammatizzandola in semi-autonomia.

Nella psicoterapia integrò i mandala, ne conosceva il potere terapeutico e li utilizzava per identificare i disturbi emotivi e per lavorare sulla completezza della personalità. Per Jung l'arte è visionaria ed attinge agli archetipi dell'inconscio collettivo, va oltre il singolo individuo, non è riconducibile alla condizione umana dalla quale è stata partorita e deve essere estranea dal pregiudizio medico.

Nel 1914 Margaret Naumburg, dopo aver studiato in Italia educazione dei bambini con Maria Montessori, fondò la Children's School a New york, la prima scuola Montessori degli Stati Uniti d'America (ribattezzata Walden School l'anno seguente) dove incoraggerà l'espressione creativa e l'apprendimento automotivato abbracciando il pensiero di John Dewey ovvero lo *strumentalismo* basato sulla crescita dell'individuo grazie all'esperienza ed alla relazione con l'ambiente.

Nel 1928 Naumburg pubblicherà le sue esperienze alla Walden nel libro *The Child and the World: Dialogues in modern education*. Negli anni quaranta lavorò al New York State Psychiatric Institute utilizzando l'arte per le diagnosi e per le terapie pubblicando i casi studiati ed imprimendo la sua metodologia e filosofia nelle successive pubblicazioni *Schizophrenic Art: Its Meaning in Psychotherapy* (1950), *The Artist in Each of Us* (1951, primo saggio in assoluto riguardo all'arteterapia e scritto assieme alla sorella Florence Cane), *Psychoneurotic Art, Its Function in Psychotherapy* (1953), *Dynamically Oriented Art Therapy: Its Principles and Practice* (1966) e *An Introduction to Art Therapy* (1950-1973).

A Florence Cane si devono inoltre gli articoli *Observations on the creative impulse in Very Young Children* (1930), *The gifted child in art* (1936), *Art-The Child's Birthright* (1931) e *La Tecnica dello Scarabocchio* (The Scibble Technique, un gioco sulla fluidità di una linea continua nella quale successivamente cercare forme o associazioni da poter elaborare). Per Cane il movimento era essenziale per contribuire a dar significato all'opera d'arte. La mancanza del movimento bloccherebbe l'artista, cercava l'equilibrio tra corpo, psiche e mente. L'arte nella sua concezione terapeutica era in grado di rivelare l'incoscio. I ragazzi meritano insegnanti in grado di comprenderli e supportarli psicologicamente ed artisticamente con metodi e tecniche semplici e diretti. Con la sorella studiò un approccio all'arteterapia stimolando la comunicazione simbolica tra paziente ed arteterapeuta lavorando sulle immagini prodotte dai pazienti e sulle emozioni ed esperienze individuali impresse in esse.

Margaret Naumburg credeva nella superiorità delle immagini rispetto alla parola ed al contrario del suo maestro Sigmund Freud incoraggiava i pazienti a rappresentare il loro inconscio. Per lei la comunicazione simbolica delle immagini spontanee era in grado di eludere la censura che altrimenti bloccherebbe i desideri inconsci rendendo più fluente la comunicazione verbale. Tramite la propria creazione il paziente poteva acquisire la consapevolezza delle proprie azioni artistiche così il transfer freudiano venne agevolato dall'aggiunta della componente visiva a quella verbale. Era la sola ad utilizzare l'arte come principale mezzo nella terapia anziché usarlo come mero strumento ausiliario. Il prodotto artistico, tramite l'interpretazione, diviene una chiave d'accesso all'incoscio del paziente grazie al quale poter agire verso la risoluzione di conflitti interiori. Legherà alla componente non verbale quella verbale delle sedute di psicoterapia esternando in l'inconscio del paziente; questo metodo basato sulla liberazioni di immagini spontanee e sulla libera associazione delle opere prende il nome di *Arteterapia orientata dinamicamente*. Per Naumbuburg "Il processo dell'arteterapia si basa sul riconoscere che i sentimenti e i pensieri più profondi dell'uomo, derivati dall'inconscio, raggiungono l'espressione di immagini, piuttosto che di parole".

Tra il 1914 e il 1920 Emil Utitz scriverà la *Grundlegung der Allgemeinen Kunstwisseenschaft* (Concetti fondamentali e scienza generale dell'arte) promuovendo l'idea dell'autonomia dell'arte rispetto all'estetica, le quali sono collegate ma non identiche. Studiò la caratterologia della personalità nelle sue manifestazioni affrontando la tematiche del valore storico dell'opera, della percezione estetica e dell'importanza della sensibilizzazione dell'occhio.

Tra il 1918 ed il 1919, di ritorno dal servizio militare, Karl Willmanns direttore dell'ospedale psichiatrico di Heidelberg scelse i disegni di alcuni pazienti e diede inizio ad un lavoro che passerà con insistenza al suo assistente Hans Prinzhorn il quale la ingrandirà a tal punto da darle il nome ed influenzare nel 1950 Jean Dubuffet (tali le opere sono ad oggi esposte al Sammlung Prinzhorn Museum).

Nel 1921 Herman Rorschach dopo aver studiato centinaia di pazienti scrive *Psychodiagnostik* dal quale nascerà il Test Rorschach delle macchie che tramite l'interpretazione fa sfociare i pensieri inconsci grazie ai quali profila caratteristiche e disturbi del paziente. Questo procedimento velocizza l'apertura ed il transfert verso il terapeuta utilizzando un oggetto artistico prestabilito. Un'altra versione verrà elaborata da Wayne H. Holtzman nel 1961 denominata Holtzman inkblot Technique (HIT).

L'idea venne presa da un gioco infantile e percettivo radicato nella cultura europea e descritto da Victor Hugo, Botticelli e Leonardo da Vinci il quale scrisse "...Come disse il nostro Botticella, che tale studio era vano, perché col solo gettare di una spugna piena di diversi colori in un muro, essa lascia in esso muro una macchia, dove si vede un bel paese. Egli è ben vero che in tale macchia si vedono varie invenzioni di ciò che l'uomo vuole cercare in quella, cioè teste d'uomini, diversi animali, battaglie, scogli, mari, nuvoli e boschi ed altre simili cose; e fa come il suono delle campane, nelle quali si può intendere quelle dire quel che a te pare".

Altri poeti e psichiatri sfruttarono la tecnica tra i quali Justinus Kerner con *Kleksographien* del 1857 dal quale prese dichiaratamente ispirazione Rorschach, Alfred Binet che nel 1895 testò l'immaginazione degli studenti dell'Università di Zurigo, McEnery Stuart e Paine in *Gobolinks* del 1896, George Van Ness Dearborn con *Blots of ink in experimental psychology* del 1897.

Tra il 1921 ed il 1961 Melanie Klein scriverà *Love, Guilt and Reparation: And Other Works, The Psychoanalysis of Children, Envy and Gratitude e Narrative of a Child Analysis* nei quali studierà la psicanalisi infantile analizzando le angosce e le ansie dei bambini ed i loro segni grafici collegando la creazione artistica ad un elemento riparatore.

Nel 1929 Melanie Klein nel saggio *Situazioni d'angoscia infantile espresse in un'opera musicale e nel racconto di un impeto creativo* afferma il suo concetto di riparazione nell'esperienza infantile precoce legata alla pratica artistica. Klein è un precursore dell'utilizzo clinico delle pratiche artistiche e grazie al suo metodo fu capace di ricavare materiale analitico attraverso il gioco rivelando una trama ed un discorso intrinsechi nel processo.

Nel 1921 nell'ospedale psichiatrico San Lazzaro per volontà del direttore Guicciardi viene costituita la colonia-scuola per bambini oligofrenici A. Marro, un'eccellenza per la sua impostazione pedagogica. Affidata a Maria Del Rio ospitò l'artigianato artistico denominato *Ars Canusina* grazie al quale i giovani ospiti utilizzavano come terapia il poter creare con le proprie mani oggetti utilizzati soprattutto per uso liturgico.

Nel 1931 la colonia ospitò fino a cento bambini dei quali restano numerose fotografie a testimonianza.

Nel 1938 le autorità militari requisirono la sede per la costruzione di un aeroporto costringendo il trasferimento dei pazienti in un altro padiglione fino alla chiusura definitiva nel 1971 a causa delle nuove istanze pedagogiche ed all'abolizione delle classi differenziate.

Nel 1922 Hanz Prinzhorn scrive *L'arte dei folli: L'attività plastica dei malati mentali* (*Artistry of the Mentally ill: a contribution to the psychology and psychopathology of configuration*, tradotto dal tedesco *Bildnerei der Geisteskranken: ein Beitrag zur Psychologie und Psychophathologie der Gestaltung*), una ricerca strettamente legata al carattere estetico dell'arte tramite la quale riuscì a collezionare cinquemila opere di quattrocentotrentacinque artisti un patrimonio costituito dalle creazioni dei pazienti degli ospedali psichiatrici e conservate presso la Collezione Prinzhorn (Sammlung Prinzhorn) della clinica psichiatrica dell'Università di hedelberg.

Secondo Prinzhorn la disparità tra le varie arti non esiste, tutto è frutto dello stesso impulso artistico. Fondamentale è il suo concetto di Gestaltung (creazione) nel quale analizza e schematizza le pulsioni (Urge) che portano alla creazione. Cercò le pulsioni alla base dello slancio vitale dell'opera soggettive e personali per ogni artista nel suo Schema of the Tendencies of Configuration. Collega l'arte alla psichiatria analizzando dettagliatamente le vite e le opere di dieci artisti schizofrenici: Karl Brendel, August Klotz, Peter Moog, August Neter, Johann Knüpfer, Viktor Orth, Hermann Beil, Heinrich Welz, Joseph Sell, Franz Pohl. Individua un legame tra il sentimento dello schizofrenico e la produzione plastica dell'avanguardia espressionista dimostrando punti comuni quali il rifiuto del reale ed il ritorno alle pulsioni primigenie. Conclude paragonando l'arte degli artisti schizofrenici privi d'insegnamento accademico all'arte primitiva e infantile; per Prinzhorn la differenza tra queste arti e quella delle avanguardie di inizio novecento si cela in un dogmatismo obsoleto.

Nel 1924 Jean Vinchon pubblica *L'arte e la follia (L'art et la folie)*, la più importante raccolta di materiale dell'epoca. Vinchon, dopo gli anni della Grande guerra, frequentò i surrealisti come Guillaume Apoillaire ed ispirato dagli studi sul sogno di Freud integrò la pittura ed il disegno nella pratica psicoterapeutica elaborando un metodo d'analisi dell'inconscio fortemente lanciato verso la terapeutica artistica.

Nel 1924 inoltre venne declamato da André Breton il *Manifesto Surrealista*: "Automatismo psichico puro con il quale ci si propone di esprimere, sia verbalmente che in ogni altro modo, il funzionamento reale del pensiero, in assenza di qualsiasi controllo esercitato dalla ragione, al di fuori di ogni preoccupazione estetica o morale". "Il Surrealismo si fonda sull'idea di un grado di realtà superiore connesso a certe forme d'associazione finora trascurate, sull'onnipotenza del sogno, sul gioco disinteressato del pensiero.

Tende a liquidare definitivamente tutti gli altri meccanismi psichici e a sostituirsi ad essi nella risoluzione dei principali problemi della vita".

Il movimento prendeva spunto dalla follia e dall'inconscio freudiano, Salvador Dalì dichiarerà "L'unica differenza tra me e un pazzo è che io non sono pazzo", Max Ernst si rifa ai lavori di pittori psicotici e Antonin Artaud ne *La Revòlution Surrealiste* del 1925 scrive una lettera ai primari dei manicomi nel quale asserisce "Senza insistere troppo sulla natura assolutamente geniale insita nelle manifestazioni di certi pazzi, nella misura in cui siamo adatti ad apprezzarle, affermiamo l'assoluta legittimità della loro concezione della realtà e di tutte le azioni che da essa derivano. Possiate ricordarvene domani mattina all'ora della visita, quando, privi di lessico adatto, tenterete di conversare con uomini sui quali, dovete ammetterlo, non avete altro vantaggio che non sia quello della forza".

Nel 1926 Wassily Wassilyevich Kandinsky nel saggio *Punto, Linea, Superficie* dona maggior importanza al non verbale ed alla sua possibile interpretazione. Per Kandinskky una linea scura in basso evoca la sicurezza della terra che ci sostiene, una linea chiara in basso invece ricorda l'acqua o una superficie sulla quale non si può camminare.

Nel terzo decennio del ventesimo secolo Lev Semyonovich Vygotsky specialista della psicologia dello sviluppo nei bambini affronterà la tematica dell'arte dandole un valore sociale e comunicativo. Tramite la curiosità e la sperimentazione l'individuo apprende la conoscenza del mondo; l'importanza della creatività durante lo sviluppo per l'accostamento è fondamentale per il buon rapporto dell'individuo con la realtà.

Tra il 1929 ed il 1932 Ludwig Klages, padre della grafologia filosofica, inizia lo studio che lo porterà a scrivere *Lo spirito come antagonista dell'anima* (*Der Geist als Widersacher der Seele*) collegando la scrittura a mano libera ai tratti caratteriali dell'individuo. Per Klages la tecnica della scrittura viene contaminata dall'individuo con la sua influenza inconscia e riconoscibile. Analizza la forma col quale si scrivono le lettere e le parole, la loro inflessione, la loro struttura cercando un fondamento in grado di collegare l'atto di scrivere alla manifestazione dei sentimenti interiori studierà ed elaborerà una scienza dell'espressione. Il carattere si manifesta nel corpo dallo scontro tra l'anima (l'istinto e l'esperienza) e lo spirito (razionalizzazione). Ogni movimento è ancorato al substrato corporeo e mostra i tratti espressivi e l'unità di colui il quale comanda l'azione. Analizzando il linguaggio, l'opera grafica, e pittorica tenta di risalire al carattere individuale.

Dal 1932 Ernst Kris, psicologo e storico dell'arte noto per gli studi psicanalitici sulla creazione artistica e sulla psicologia dell'infanzia diviene il primo storico dell'arte ad applicare gli studi psicanalitici alla sua ricerca.

Nel 1934 assieme a Otto Kurz scrive *La leggenda dell'artista (Die Legende vom Künstler: ein geschichtlicher Versuch)* studiando l'artista sotto l'aspetto psicologico e sociologico e cercando la genesi della relazione tra artisti e psiche umana.

Nel 1936 pubblica un trattato sulla relazione tra arte e psicologia differenziando lo psicotico dall'artista per il fatto che quest'ultimo può tornare dal mondo inconscio del proprio immaginifico mentre lo psicotico no.

Propose nuove modalità di evoluzione del processo creativo, concetti e categorie psicologiche in relazione all'individuo ed elaborò il concetto di regressione dell'Io nel quale si allentano e recuperano le componenti cognitivo-affettive irrazionali.

Kris ritiene che al pari del sogno vengono proiettati gli elementi inconsci nell'opera ma l'Io dell'artista lavorando sulla materia e sul reale ne mantiene il controllo. La creazione artistica è parte essenziale dell'Io e con la sua capacità di scaricare l'energia libidica previene il rischio della dissociazione.

Nel 1937 a Monaco si terrà la mostra itinerante *L'arte degenerata (Entartete Kunst)* accostando le opere di artisti moderni tra i quali Klee, Munch, Kandinskij, Picasso, Mondrian, Otto Dix, Chagall ad autori schizofrenici quali Aloise, Wölfli, Genzel, Mueller e Natterer volendo gettare una cattiva luce sulla degenerazione dell'arte moderna in favore al modello nazionalpopolare di arte pedagogica. Nata col chiaro scopo di denigrare tali produzioni riuscì invece ad attirare l'attenzione sulle opere che verranno successivamente indicate come Art Brut.

Friedl Dicker-Brandeis frequentò la scuola privata dell'artista svizzero Johannes Itten apprendendo i suoi metodi per rinforzare l'armonia tra corpo e mente, prima e durante la creazione artistica. Artista e insegnante austriaca di origine ebraica entrò in contatto con la scuola d'arte Bauhaus, con Paul Klee e Kandinskij, ebbe diversi atelier artistici incentrati sull'oggettistica, la costumistica, la scenografia, la progettazione di edifici, appartamenti, design e altro ancora.

Nel 1938 aprì nel suo appartamento di Vinohrady in Cecoslovacchia un centro d'accoglienza per i figli di emigrati politici tedeschi e austriaci ma a causa delle incursioni naziste sul territorio dovette abbandonarlo. Trasferitasi ad Hronov col marito insegnò arte ai figli delle famiglie ebraiche portando avanti i suoi studi pedagogici e filosofici. Nuovamente costretti a spostarsi arrivera a Žďárky dove nel 1942 verranno deportati nel campo di concentramento di Theresienstadt. Friedl si occuperà dei minori di quel campo, modello esemplare della propaganda nazista per la peculiarità dei detenuti di potersi autogestire, ed assieme al marito Pavel riorganizzerà gli spazi del campo e progetterà spettacoli ed esibizioni.

Tra il 1943 ed il 1944 seicento tra bambini e ragazzi passarono per le sue direzioni artistiche. Per i suoi alunni l'arte divenne essenziale, un bisogno impellente nella quale riversare le emozioni, la mancanza di libertà, l'infanzia rubata. I lavori rappresentavano sia fiori e farfalle sia scenari maturi con scheletri, fucili e soldati. Friedl voleva approfondire la tematica catalogando i disegni poi nascosti in valigie. Alla crescita tecnica dell'individuo ne affiancava anche una spirituale e relazionale lavorando sulla respirazione, sul movimento e sulla vocalità, tecniche imparate nella scuola di Johannes Itten. L'arte per lei era il metodo migliore per rappresentare lo stato d'animo umano. Le sue esperienze ed i suoi insegnamenti sono fondamentali per la nascita dell'arteterapia.

Nel 1944 Pavel viene deportato ad Auschwitz dove su richiesta personale Friedl si farà trasferire. Pavel sopravvisse mentre Friedl morì in una camera a gas a Birkenau il 9 ottobre del 1944.

Finita la guerra le valigie contenenti le opere verranno prelevate ad una sua studentessa dall'esercito russo. La collezione delle oltre quattromila opere verranno custodite a Praga da William Groag che le mostrerà al pubblico solamente dieci anni dopo il ritrovamento.

Edith Kramer fu allieva di Friedl Dicker Brandeis a Vienna e condurrà con lei laboratori artistici con i bambini del ghetto ebraico di Praga dal 1934 al 1938 quando emigrerà negli Stati Uniti d'America per fuggire dalle leggi razziali.

In America insegnerà nei quartieri sventurati di New York e presso istituti e centri di neuropsichiatria infantile. Condurrà laboratori espressivi per preadolescenti con disturbi emotivi e comportamenti aggressivi e delinquenziali dei bassifondi (slums). Le virtù curative dell'arte per la Kramer sono intrinseche nel processo creativo ritenuto strumento terapeutico e l'opera d'arte è vista come un contenitore d'emozioni. L'esperienza le ha insegnato quanto l'arte sia d'aiuto nella guarigione del disagio psichico e della sofferenza esistenziale. Mettendo al centro della sua metodologia il processo creativo ed artistico ed integrandolo agli studi sulla psicologia elaborerà il percorso terapeutico che darà vita all'arteterapia.

Sarà lo psicanalista dell'Istituto Wiltwycks a coniare il termine arteterapeuta osservandola, il quale per Kramer deve avere conoscenza delle tecniche creative da poter usare per intervenire in aiuto al paziente con l'intervento di terza mano, sempre rispettandone le scelte espressive personali. Un altro elemento essenziale è la qualità dell'arte raggiungibile attraverso un procedimento inerente l'economia dei mezzi, la coerenza interna e il potere evocativo; questa espressione artistica è una complessa funzione dell'Io che impegna in uno sforzo supremo facoltà manuali, intellettive ed emotive.

Assieme a Margaret Naumburg porterà avanti una ricerca sui

sentimenti inconsci riconoscibili nelle immagini che per loro sono intrise delle emozioni e delle esperienze dell'artista.

Nel 1976 assieme alla sua collaboratrice Larie Wilson fonderà presso la New York University un programma per l'arteterapia.

Nel 1941 Roman Jakobson studia i disturbi del discorso a livello neurologico dimostrando la sua dottrina sulla metafora e sulla metonimia e ponendo le basi per la neurolinguistica.

Jackobson collega il sistema linguistico e l'arte essendo entrambi portatori di segni; il segno artistico dunque si offre, è un messaggio che attende un ricevente. Ogni atto di un sistema di segni è sociale e non privato e quindi presume uno scambio tra trasmettente e ricevente.

Nel 1942 Adrian Hill sperimenta le capacità terapeutiche dell'arte personalmente mentre si riprendeva dalla tubercolosi in un sanatorio. In quel periodo oltre a disegnare, insegnò arte ad un ristretto numero di pazienti elaborando la sua teoria. Era consapevole dei danni non solo fisici della guerra ma anche alle menti ed alle speranze.

Nel 1945 pubblicherà *Art Versus Illness*, per Hill nell'uomo quando vi è una carenza di resistenza fisica l'ego animale viene sopito in favore di poteri creativi dell'essenza spirituale; poteri che al recupero tornerebbero in un luogo comune pittorico.

Dal 1942 al 1967 Irene Champernowne presso il Withymead Center di Oxfordshire, una comunità artistica, sperimenterà la psicoterapia e la mediazione artistica. Assieme al marito Gilbert combinò l'analisi junghiana all'arteterapia, riteneva l'attività artistica indispensabile al percorso terapeutico ed all'emersione di contenuti inesprimibili.

Nel 1945 Jean Dubuffet, pittore attratto dall'arte primitiva, dai graffiti, dalle immagini spontanee dei bambini e da quella dei malati di mente, conia l'espressione Art Brut; un'arte figlia dell'istinto e priva di intenzioni estetiche, frutto della personale ed incontrollata pulsione emotiva dell'artista. L'arte è qui pura e semplice, non vi è una base accademica ma semplicemente creatività priva di influenze esterne.

Nel 1947 allestisce la mostra *Foyer de l'Art Brut* con opere di bambini e alienati mentali nella Galerie René Drouin di Parigi, l'anno successivo fonda assieme ad André breton, Jean Paulhan e René Drouin la *Compagnie de l'Art Brut*.

Delinea così una categoria nuova alla quale fino a quel momento si erano avvicinati solamente pochi psichiatri, medici e criminologhi.

L'artista Edward Adamson servì durante la seconda guerra mondiale come podologo nella Royal Army Medical Corps dove si interessò all'aiutare i pazienti ricoverati per lunghi periodi ad impegnare il tempo. Di ritorno dalla guerra si offrì volontario al Netherne Hospital di Hooley, Inghilterra, offrendosi volontario per aiutare Adrian Hill.

Nel 1946 accoglieva i pazienti psicotici cercando di ottenere su di loro un effetto ansiolitico, cercando di scacciar da loro l'angoscia utilizzando l'arte. Iniziò lì la Adamson Collection, una collezione che, in parte, verrà esposta all'International Exhibition of Psychopathological Art del 1950 e che al suo ritiro nel 1981 conterrà più di centomila opere tra dipinti, disegni, ceramiche e sculture. Fu inoltre fondatore di Quella che nel 1964 sarà la British Association of Art Therapists (BAAT).

Nel 1949 il gruppo Co.Br.A (nome coniato da Christian Dotremont dalle iniziali delle città di provenienza dei fondatori: Copenhagen, Brussel, Amsterdam) inaugura ad Amsterdam la mostra Co.Br.A. e l'omonima rivista nella qualeverrà pubblicata arte infantile, popolare, primitiva e folle.

Nel 1950 all'ospedale Sainte-Anne di Parigi, importante centro culturale per psichiatri e psicanalisti, si tenne l'International Exhibition of Psychopathological Art con produzioni raccolte da tutti e sedici i paesi partecipanti al congresso ed il primo Congresso Mondiale di Psichiatria.

Nel 1954 Robert Volmat presso l'ospedale Sainte-Anne fonderà il dipartimento di arte psicopatologica sperimentando l'uso dell'arte come approccio alla psicoterapia.

Nel 1955 ne *L'Art Psychopathologique* analizzerà le opere dal punto di vista estetico paragonando l'arte ad uno stato intermedio tra realtà e sogno, introversione ed estroversione, sensibilità e pensiero, materia e spirito.

Nel 1959 a Verona durante il Congresso Internazionale su Lombroso chiederà di creare la Société de Psychopahologie de l'Expression (SIPE) con lo scopo di condurre ricerche sull'arte dei folli.

Nel 1954 Rudolf Arnheim (formatosi alla scuola della Psicologia della Gestalt) pubblica *Art and Visual perception: A psychology of the Creative Eye*, non considerava il processo artistico chiuso in se stesso ed ispirato dall'alto ma una proliferazione di quell'attività più umile e consuetudinaria impiegata dagli occhi ogni giorno. La forma non dipende dalla sua proiezione retinica in un momento dato ma veniva determinata dalla totalità delle esperienze visive di un oggetto, o di uno analogo, avute durante la vita.

Nel 1959 ne *L'uomo creativo e la sua trasformazione* Erich Neumann si rifà a Jung considerando la personalità dell'uomo creativo come una figura in costante equilibrio tra l'Io e l'inconscio. Utilizzando la sofferenza psichica l'uomo creativo riesce ad accedere all'inconscio senza lasciarsi trascinare; come accade invece nei casi psicotici. L'atto della creazione serve per sanare le ferite dell'animo ed affermare la propri identità.

Nel 1960 *Art and Illusion, A Study in the Psychology of Pictorial Representation* di Ernst Gombrich ebbe un notevole impatto sulla storia dell'arte indagando l'effetto psicologico della rappresentazione pittorica.

Per spiegare il perchè differenti epoche e nazioni hanno rappresentato il mondo visibile in maniere così differenti sviluppa la teoria della *Schemata* secondo la quale l'artista anche nel copiare ciò che ha di fronte subisce l'influsso di schemi ereditati da artisti preesistenti. Questi schemi familiari si pongono in relazione col mondo subendo di volta in volta una alterazione in grado d'influezare la creazione artistica futura. Alla base delle scelte e degli sviluppi artistici vi è sempre una geocultura, un influsso di stimoli artistici e culturali avvenuti nell'individuo nel luogo nel quale è cresciuto.

Nel 1962 Jean Bobon darà alle stampe i suoi studi sulla psicopatologia del linguaggio e sulle lingue deliranti (*Psychopathologie de l'expression*) nei quali analizza la componente verbale dei pazienti, i neologismi e i neografismi. Collega la scrittura al disegno in quanto gesto organizzato, orientato e codificato l'uomo rappresenta e rende visibile la lingua parlata. Per Bobon un gesto inconsueto può nascondere una concezione delirante o un significato particolare; questo gesto si imprime sulla materia tramite l'utensile naturale o artificiale arrivando fino ai prodotti artistici.

Le creazioni plastiche raramente sono discostanti dall'espressione verbale nascondendo oltre il valore estetico un linguaggio intrinseco. L'espressione plastica è libera dai vincoli e dalle convenzioni del linguaggio e può proiettare meglio le sensazioni, la percezione del mondo, del sé o del proprio corpo ed il mondo interiore che sono la realtà del paziente.

Nel 1968 Donald Winnicott introduce il termine scarabocchio (Squiggle) indicando la possibilità utilizzare il gioco durante l'analisi. Si tratta di un gioco tra analista e paziente nel quale approcciano ghirigori e scarabocchi tentando di dar loro un senso logico ed un accesso verso il vissuto traumatico.

Nel 1971 pubblica *Gioco e Realtà (Playing and Reality)* ma già dagli anni cinquanta elabora la teoria degli 'oggetti transizionali' in grado di fornire un conforto psicologico al lattante nella separazione dalla madre. Il primo di questi 'oggetti' è il seno capace di soddisfare i bisogni del bambino ma con la crescente capacità di accettare la realtà vi sarà una distinzione tra il Me ed il Non-Me, tra il bambino e la madre. Si genererà una distinzione mediata dall'oggetto transizionale che può essere un pupazzo o una coperta; questo verrà riconosciuto parzialmente come Non-Me creando un'area transizionale dove il soggettivo e l'oggettivo sono indistinti. Il bambino inizia il rapporto con se stesso ed il mondo utilizzando il gioco e l'oggetto transizionale come veicolo. Il collegamento tra l'esperienza ed il gioco viene definito *spazio potenziale* ed in tale zona il bambino torna sicuro di sé e riacquisice il rapporto necessario con se stesso ed il mondo; l'esperienza culturale dell'individuo che gioca in maniera creativa permette di esprimere e formare la personalità. L'arte svolgendosi in quest'area permette di entrare in contatto col proprio sé divenendo (anche per l'adulto) una tregua dal faticoso e doloroso processo di distinzione tra il sé, i propri desideri, la realtà e le frustrazioni.

Nel 1970 James Hillman, psicanalista junghiano, coniò il termine *Psicologia Archetipica* secondo la quale l'anima è il luogo nel quale risiedono le immagini mentre definirà *fare anima* (l'immaginare) il processo tramite il quale, maneggiando il materiale della psiche, si elaborano. Per Hillman le immagini sono la psiche e la sua materia e per evitar che sviluppino la patologia necessitano d'esser rappresentate.

Nel 1977 Gisela Pankow pubblica *L'uomo e la sua psicosi del* (*L'Homme et sa psychose*) e nel 1979 *Struttura familiare e psicosi del 1979* (*Structure familiale et Psychose*) In questi scritti lo psicotico ha un'immagine del proprio corpo dissociata dal mondo ed è incapace di riconoscerlo ed abitarlo; per ricostruire la propria immagine corporea frammentata necessita di un confronto con il riconoscimento della propria identità confrontandosi con un terapeuta tramite il disegno, allora il corpo negato riacquisice uno spazio nella possibilità creativa. Elaborare una forma concreta dona l'occasione al paziente per far sorgere domande sulla sua condizione in relazione al corpo dell'analista.
Altri mediatori vennero usati da Pankow oltre al disegno quali la plastilina ma per lei non fungevano da materiale proiettivo ma piuttosto come una manifestazione del transfer della relazione paziente/analista.

Nel 1982 Jauss Hans Robert pubblica *Aesthetic Experience and Literary Hermeneutics* sviluppando concetti importanti per l'arte e l'estetica. A differenza di Freud riteneva che la catarsi avesse bisogno di un processo di comunicazione nel quale scaricare le emozioni verso un oggetto in grado di contenerle.

Negli anni ottanta Achille De Gregorio elaborerà il modello polisegnico mettendo al centro del processo terapeutico l'arte e facendo riferimento ad essa come ad un linguaggio per esprimere il proprio inconscio. Forma un percorso strutturato mettendo in secondo piano la componente verbale e stimolando la comunicazione non verbale donando autonomia all'opera artistica ed al suo messaggio.

L'arteterapia definita moderna infine si svilupperà durante gli anni settanta in Francia, nel centro per l'insegnamento e la ricerca dell'arteterapia AFRATAPEM di Tours.
Dal 1980 nasceranno i primi diplomi presso la Facoltà di Medicina di Tours permettendo l'espansione e la legittimazione dello studio dell'arteterapia.
In conclusione a questo capitolo vorrei menzionare alcune figure che dagli anni novanta in poi si sono distinte per l'impegno nell'arteterapia e nella sua diffusione su scala globale: Maria Belfiore, Donna betts, Mickey Buck, Claudio Costa, Mimma Della Cagnoletta, Hogan Susan, Cathy Malchiodi, Grazziella Margherini, Manuela Machella, Margherita Levo Rosenberg, Marion Milner, Nicola Velotti.

3. Pratica

L'arteterapia deve molto alla psicoterapia e ne resta strutturalmente affine per terminologia e metodologia. L'utilizzo del termine cliente ad esempio venne introdotto dallo psicologo Carl Rogers, fondatore della terapia *non direttiva* e del *Counselling* (un metodo di consulenza tramite il quale l'assistito non è privato della propria libertà), per apportare un rapporto più umano alla terapia ed adottato dall'arteterapia. La distinzione tra cliente e paziente è meramente clinica; il paziente è bisognoso della cura e spesso è una persona patologica, il cliente è invece cosciente di un proprio malessere e di propria volontà si reca da un terapeuta.

Personalmente sarei portato all'utilizzare la definizione utente in quanto indica chi usufruisce di un bene o di un servizio; eppur sento di dovermi spingere oltre e optare per il termine fruitore in quanto parlando di arteterapia ha già di per sé uno stretto legame con l'arte.

Lo scopo dell'arteterapia risiede nello sviluppo della crescita dell'individuo e nel recupero dell'equilibrio. A differenza della psicoterapia è caratterizzata dall'utilizzo delle arti per il fine terapeutico incentrato sulla sfera emotiva, affettiva e relazionale e tende attraverso la guida del terapeuta e l'inconscio dell'opera a creare un dialogo interiore grazie al quale confrontarsi per elaborare i traumi e le questioni irrisolte del proprio vissuto.

I traumi generano blocchi dietro ai quali viene occultato il materiale psichico carico di pulsioni negative, qui l'arte giunge in soccorso proiettando tale rimozione sulla materia permettendo un confronto risolutivo con essa. Questa elaborazione avviene spontaneamente dopo un innesco da parte del terapeuta, ovvero di quel che chiamo epifania (termine ispirato da James Joyce il quale si riferisce ad essa come ad una rivelazione spirituale ispirata da un oggetto o una situazione qualsiasi); una scintilla grazie alla quale risvegliare la voglia di migliorarsi iniziando un dialogo costruttivo ed introspettivo, un percorso grazie al quale riappropriarsi della propria armonia. Questo particolar modo di agire grazie al veicolo artistico ed il beneficio che l'arteterapia può portare è particolarmente efficace nei casi di:

- Blocchi o limitazioni della comunicazione verbale.
- Disturbi mentali quali ansia, dipendenze, depressione, bipolarismo, schizofrenia, personalità borderline, disturbi dell'alimentazione, eccetera.
- Disturbi comportamentali o della sfera emotivo-relazionale.
- Lesioni e danni permanenti causati da traumi o malattie.

Per far in modo che il fruitore possa giungere all'elaborazione del malessere causato da queste problematiche vi sono quattro fasi fondamentali da seguire all'interno della terapia a stampo artistico e queste sono:

- L'*Apertura*, dove avviene un primo approccio con il terapeuta. In questa fase facilmente vi è generalmente una chiusura da parte del fruitore al quale si cercherà di trasmettere la passione verso la ricerca artistica a lui più affine utilizzandola per accelerare il transfert.
- La *Creazione*, dove si affina la creatività ed avviene attivamente la pratica artistica.
- Il *Dialogo*, dove si attiva il discorso introspettivo tra opera, fruitore e terapeuta.
- L'*Elaborazione*, dove avviene la scarica delle emozioni legate ad un trauma passato (abreazione) favorendo la riassimilazione di un ricordo rimosso nel nostro vissuto. Il fruitore impara a convivere con i propri disturbi ed a comprendere un metodo per attenuarli ottenendo una stabilità mentale.

La componente fondamentale per giungere alla fase dell'*Elaborazione* nonché al punto di arrivo della terapia viene definita *catarsi*. Questo processo (per Platone conoscitivo ed in grado di riportare lo spirito alla purezza originaria) può avvenire tramite il metodo socratico (un dialogo in grado di far emergere la verità) oppure tramite la rappresentazione mimetica della realtà (secondo Aristotele uno spettatore si risollevava nell'assistere alla rappresentazione di una tragedia in quanto in essa proietterà e risolverà le proprie emozioni represse).

Fu però nel 1895 che Sigmund Freud e Joseph Breuer ripresero il termine durante i loro *Studi sull'isteria* utilizzandolo per indicare il recupero dei ricordi o dei pensieri sopiti dei pazienti. Per loro l'incapacità d'ottenere soddisfazione a causa di un impedimento ai contenuti inconsci come ad esempio la rimozione in risposta al trauma trova una via di sfogo indiretta nel sintomatico. Nascerà il metodo catartico durante il quale far riemergere emotivamente le situazioni rimosse del passato favorendo l'abreazione, la scarica delle emozioni del trauma e l'eliminazione del sintomo nato dalla repressione.

Nel 1916 Max Scheler utilizzerà il termine katharsis per sviluppare il concetto della purificazione dall'egocentrismo (morte dell'ego) in favore di una posizione aperta nei confronti del mondo ridonando armonia alle sfere affettive atrofizzate mentre nella psicanalisi moderna e nello psicodramma (drammatizzazione teatrale tramite il quale si rievoca il vissuto e le emozioni) di Jacob Levi Moreno del ventesimo secolo la catarsi accoglie in sé il potere di liberazione e sfogo.

Al termine della terapia il fruitore non si sarà unicamente scaricato della negatività del materiale psichico rimosso ma apprenderà come evitare che questo si accumuli nuovamente. Le terapie necessitano spesso di momenti di ritorno, una persona bisognosa si spera non debba averne più la necessità ma nella realtà dei fatti dopo la prima fase di sedute sarà in grado di capire se e quando avrà nuovamente bisogno di una mano.

Un aiuto l'arteterapia lo offre insegnando un proprio rito catartico in grado di modificare perfino il modo di pensare: la negatività per la maggior parte si genera da pensieri opprimenti che influiscono negativamente. Un esempio di questo autolesionismo è la profezia autoadempiente (self-fulfilling prophecy) di Robert King Merton, chi ne è affetto si convince di determinati eventi futuri a tal modo da alterare il suo comportamento fino a causare inconsciamente ed in autonomia quell'accadimento. Tramite la proiezione tipica dell'arteterapia si possono indagare queste pulsioni e prevenirle prima che possano influire sulle nostre vite.

Per poter accedere a questo potenziale ci viene in aiuto il terapeuta con il suo potere d'analizzare ed intuire le pulsioni inconsce ed i traumi latenti stagnanti in un indivduo. La creazione avviene sempre anteposta alla futura interpretazione ed allo stato d'animo possibilmente variato dell'artista: è una proiezione di un momento particolare. Ogni scelta riguradante la creazione è influenzata dal trascorso del fruitore. Lo stile, la tecnica, il medium, la composizione, il gesto, il colore, lo spazio, il movimento, l'equilibrio, l'armonia, la dominanza, il contrasto, il simbolismo, l'utilizzo di determinate forme retoriche... ogni componente, elemento o principio scaturisce da una volontà più o meno inconscia. La volontà generatrice si scontra con la fisicità della materia, la concezione della creazione perfetta subisce le influenze delle quali il fruitore è vittima. Il gesto (la componente biologica) o la scelta della tecnica può non essere una libertà espressiva ma una esigenza o una forzatura causata da una lesione in grado di compromettere il suo equilibrio psico-fisico. L'analisi è intima e non può esser costretta in un modello standard d'interpretazione, è parte del dialogo terapeutico ed è il modo attraverso il quale l'inconscio può dialogare con il terapeuta sfruttando le capacità dell'opera di accogliere le proiezioni del materiale psichico.

L'interpretazione di un'opera si basa su giudizi e pregiudizi dettati dall'esperienza e dalla cultura personale ed in grado d'influenzare l'analisi del terapeuta. Durante l'analisi l'arte risulta incomprensibile a chi non vuol conoscere l'intenzione del suo creatore; un osservatore privo d'empatia o di pulsione ad indagare proietterà sull'opera un'immagine fantasmatica personale permeata del proprio vissuto trasformandola in un'altra creazione egoriferita. Per l'analisi di un'opera nell'ambito terapeutico vi è la necessità di entrare in contatto con l'inconscio del fruitore conquistandone la fiducia attraverso il transfert accelerato dalla creazione artistica. Il lavoro della terapia consiste nell'aiutare il fruitore a far fluire l'inconscio nell'opera permettendo un'analisi ed un dialogo con il signifcato simbolico riversato nella sua materia.

L'opera d'arte scaturisce da un preciso scopo conscio o inconscio e possiede una propria comunicazione intrinseca della quale un attento studioso fu Claude Lévi-Strauss che teorizzò le funzioni dell'espressione divise in *funzione dell'immaginazione, funzione ritualistica e simbolica, funzione comunicativa, funzione di intrattenimento, funzione politica, funzione sociale, funzione psicologica e curativa, funzione propagandistica o commerciale*; è quì importante constatare quanto diverse esigenze possano portare alla creazione artistica le quaili subiranno sempre il tocco della psiche o della mano del loro creatore ed ideatore.

Traendo una sintesi di tale studio le opere nascono da diverse esigenze, dunque vi è la necessità di catalogare le *opere precedenti* alla terapia in maniera tale da distinguere lo scopo per il quale sono nate che saranno quindi classificate come:

- *Estetiche*, riguardanti la ricerca del sublime, per se stessi o per l'ammirazione da parte di altri; rientra anche la decorativa, con l'unica differenza che l'oggetto sul quale si è operato non era costruito interamente dal fruitore. Rispecchia il bisogno di equilibrio ed armonia.
- *Espressive*, nate dall'esigenza d'esternare un'emozione verbalmente inesprimibile spesso trasgressiva.
- *Celebrative*, fan riferimento ad un determinato personaggio o ideale, rientra anche l'arte sacra o propiziatoria quella cioè legata ad una religione, cultura o fede ed è permeata di simbolismo.
- *Didattiche*, cioè intrise della funzione comunicativa in quanto avente lo scopo d'istruire l'osservatore su una determinata idea.

Fondamentale è il risalire al volere dietro alle creazioni in quanto ognuna di queste intenzioni porta il terapeuta ad interrogarsi sulla spinta pulsionale che ha condotto il fruitore alla creazione.

In conclusione il terapeuta deve sempre ricordarsi di portare rispetto e professionalità verso il fruitore, le sue capacità e le sue limitazioni e dovendo per questo nei suoi confronti:

- Favorire la concentrazione e l'introspezione aiutandolo concretamente nello sviluppo delle sue peculiarità fino a raggiungere la proiezione e l'elaborazione del materiale psichico e del malessere.
- Evitare le forzature e le contaminazioni nella creazione e nell'analisi prestando attenzione a casi particolari come l'*effetto Forer* (l'immedesimazione da parte del fruitore in un profilo generico che ritiene accurato; un fenomeno favorito dalla fiducia verso il terapeuta ed abusato dai ciarlatani).
- Stimolare la creatività e l'attività combattendo l'inerzia ed il *languishing* (per Corey Keyes l'assenza di gioia e scopi) costruendo un legame terapeutico ed empatico.
- Aiutarlo ad osservare oggettivamente le proprie scelte e creazioni mantenendo il loro valore rievocativo in modo tale da poter assimilare la propria evoluzione personale, pre e post-terapia.

4. Elementi

4.1. Il Setting

Per *setting*, in psicoterapia, si intende l'ambiente costruito che sarà sede delle visite terapeutiche (basti pensare al lettino di Freud) ovvero uno spazio fisico coreografato come una scenografia oppure lo spazio relazionale con il *fruitore*. Gli elementi dell'arredo, gli oggetti, le modalità e le frequenze degli incontri tutto questo partecipa alla costituzione del *setting* ed all'influenza del rapporto *terapeuta-fruitore* favorendo il transfert, il rapporto di fiducia.

Nell'arteterapia il *setting* è particolarmente legato al simbolico ed al *fruitore* in quanto nel rapporto *terapeuta-fruitore* subentra un terzo elemento ovvero l'*opera* generando delle proprie leggi e proprietà d'interscambio.
Al *terapeuta* spetta il compito di creare un'apertura, una relazione, tramite l'*opera* creata dal *fruitore*. Lo sviluppo del transfert avviene sia dal *setting* inteso come luogo sia dalla strutturazione del *setting* tramite la scelta della materia, dell'arte da utilizzare e del suo sviluppo nel tempo e nello spazio.
L'*opera* in questao rapporto assume un valore simbolico e personale permeandosi delle esperienze e delle emozioni non verbali ed inconsce del *fruitore*. Sarà scopo del *terapeuta* aiutarelo a far riemergere il materiale inconscio senza forzarlo con interpretazioni proprie e soggettive in quanto potrebbero non coincidere col volere e con le sue esperienze.
Lo scopo dell'arteterapia è quello di portare il *fruitore* ad un'abilità tale da poter esternare al meglio e consapevolmente il proprio inesprimibile all'interno dell'*opera* così da aiutare il *terapeuta* a dissipare quel *malessere*.

Dinamiche all'interno del Setting

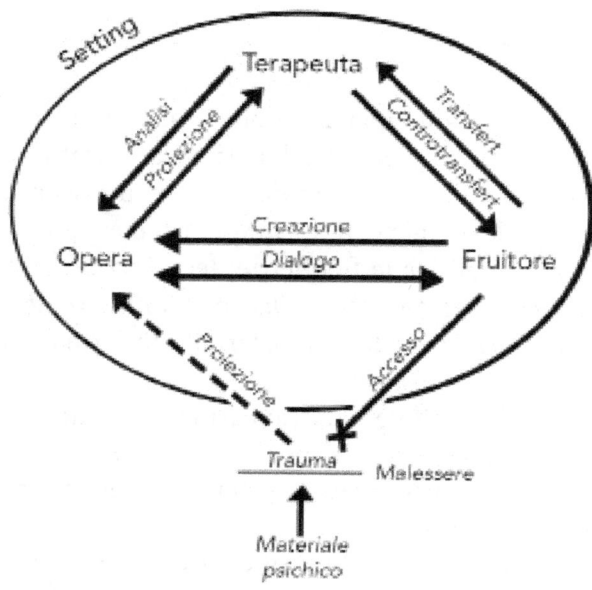

Le dinamiche principali che agiscono all'interno del setting sono rappresentate in questo schema. Come si può vedere l'accesso al materiale psichico viene bloccato dal trauma e diviene irraggiungibile. Grazie all'escamotage della creazione artistica si può aggirare questo blocco permettendo al materiale psichico di venir proiettato all'interno dell'opera per poter quindi esser adoperato durante la terapia.

4.2. Il *Fruitore*

Se l'atto creativo era già spontaneo nel *fruitore* bisognerebbe analizzarne il motivo; non intendo i primi scarabocchi o tentativi (salvo in rari casi dove il trauma è insito e palesemente già esternato artisticamente fin dai primi anni) ma dell'ossessione riscontrata nelle menti bisognose e spesso psicotiche.

Se si è legato in particolare ad un mezzo artistico ne andrebbe indagata la causa fisica o psichica legata ad una sua esperienza diretta. Avete mai notato quanto non di rado persone con problematiche visive si avvicinino alla fotografia o alla cinematografia?

Può essere un problema fisico o una limitazione in grado di sminuirci e metterci a disagio nei confronti degli altri, come pure un trauma subito e mai esternato, ognuno ha una motivazione spinta da una determinata esigenza, un bisogno di indagare il corpo, la psiche o le emozioni tramite l'arte e le passioni. Questo solo il *fruitore* può rivelarlo e difficilmente potrà arrivare a farlo senza l'aiuto di una guida su questo percorso autoconoscitivo.

L'atto creativo durante la terapia è continuamente sottoposto alle esperienze del *fruitore*, ogni gesto, contenuto, tecnica e stile rivela un frammento dell'artista. Le scelte di ciascuno alterano in maniera impercettibile il lavoro finale fino a renderlo differente da quello di chiunque altro. I gesti, le imposizioni derivano da qualcosa che ci è stato insegnato o che abbiamo appreso durante la vita, questo principio è alla base del lavoro terapeutico.

Lo sviluppo della componente artistica è un risveglio fisico e psichico, è una spinta a voler indagare noi stessi ed il mondo riproducendo nella materia o in un atto il nostro punto di vista, permettendoci di riflettere sull'interazione col mondo.

Durante le varie fasi della terapia il *fruitore* coadiuvato dal *terapeuta* apprende nuove vie e modi per esprimersi e facendo esperienza con una determinata arte sviluppandola tecnicamente ede emozionalmente.

Guidare il *fruitore* nell'interpretazione dell'*opera* senza forzature è essenziale per non inquinare il lavoro che si andrà a fare in terapia.

La cultura e l'esperienza personale spesso cambiano il significato delle creazioni artistiche, anche se la sorgente che la produce è singola l'interpretazione è invece infinita poiché in ognuno un'*opera* può avere un impatto emotivo ed esperienziale totalmente diverso.

4.3. L'Opera

L'arte sopraggiunge spontanea quando i traumi della vita rendono inesprimibili i sentimenti in maniera verbale.

Nell'analisi dell'*opera* vi è da tener conto della possibile esistenza di *opere precedenti* all'inizio della terapia e delle scelte artistiche al quale il *fruitore* si è avvicinato (in senso ampio per *opera* rientrano anche le arti performative e gli adornamenti del corpo quali i tatuaggi o le scarificazioni poiché dietro ad ogni scelta si cela una spinta dell'inconscio).

L'*opera* si permea dell'esperienza del *fruitore* acquisendo in sé un valore simbolico. Sarà lo scopo del *terapeuta* far riemergere quei suggerimenti senza alterarli ma attirandoli delicatamente al *fruitore* ponendo i giusti quesiti sul significato delle loro pulsioni ed emozioni nei suoi confronti. Un eccessivo disagio può però spingere ad un naufragio psicotico, in questi casi i contenuti irrisolti portano al caos creativo ed all'impossibilità di discussione con l'opera che necessiterà di un minuzioso lavoro di scrematura prima d'esser analizzata. .

Attraverso la creazione dell'*opera* si attua un cambiamento all'interno del *fruitore* che acquisirsce sempre più la consapevolezza del proprio inconscio e delle capacità di trasportarlo nella materia. Il *malessere* si cela e viene proiettato nelle pieghe delle scelte fatte dal *fruitore* durante le decisioni; questi segnali diventano sempre più consci durante l'atto creativo sviluppato all'interno dello spazio terapeutico fino a diventar materia d'elaborazione ed accettazione delle esperienze traumatiche.

Schema della classificazione dell'opera

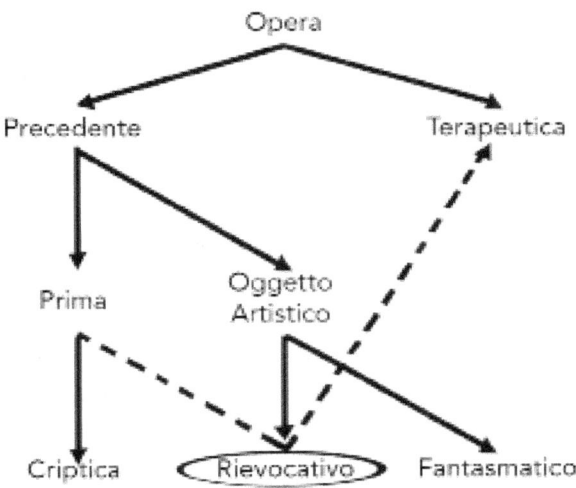

L'opera si scinde in precedente alla terapia e terapeutica (successiva).

L'opera precedente a sua volta si suddivide in opera prima (creata dal fruitore intenzionalmente) e oggetto artistico (un qualunque oggetto creato da una terza persona).

L'oggetto artistico è rievocativo quando rappresenta il fruitore oppure un luogo, un oggetto o una persona inerente al suo vissuto.

Questa caratteristica rievocativa può essere propria anche dell'opera prima ottenuta attraverso il mezzo fotografico acquisendo le proprietà terapeutiche delle opere successive.

L'opera prima criptica resta invece un prodotto difficile da codificare nella sua complessità mentre l'oggetto artistico fantasmatico è qualcosa di non inerente alla vita del fruitore ma che comunque ha su di lui un influsso.

Nel crescendo della terapia il *fruitore* affinerà la sua capacità di proiettare il materiale inconscio nell'*opera* attuando un rispecchiamento ed osservando le possibilità intrise nella materia riuscirà a massimizzare la valenza simbolica dell'oggetto riuscendo a creare un proprio doppio.

L'*opera* si eleva ed il *fruitore* attuando il rispecchiamento si vede attraverso ogni sensazione inconscia trasferita alla materia; acquisisce così la capacità di poter creare un fantoccio nella mente del *fruitore* che divenendo esterno a se stesso può indagare le proprie vicissitudini ed esperienze in qualità di osservatore. L'*opera* fantoccio diviene la proiezione del *fruitore* permettendogli di riversare il proprio inesprimibile in essa ed iniziando un processo di immedesimazione verso la creazione con la quale può entrare in sintonia, creare legami e proiettare malesseri. Tramite il dialogo col fantoccio rappresentante se stesso il *fruitore* può sbrogliare un dialogo interiore ed acquisire consapevolezza di sé apportando un miglioramento della propria autostima e/o del proprio rapporto con gli altri.

Durante la creazione il *fruitore* dovrà rimanere concentratto sul suo atto creativo estraniandosi e lasciando fluire spontanei i contenuti inconsci, in questo modo potrà davvero proiettare se stesso nella materia. Questo procedimento catartico permette un'introspezione in grado di aggirare i blocchi psichici senza il bisogno di affrontarli rischiando d'esser rigettati in una chiusura apatica.

Inserendo l'*opera* nel rapporto *terapeuta-fruitore* si vengono a creare il *transfert fruitore-terapeuta*, il *controtransfert terapeuta-fruitore*, il *transfert fruitore-opera* ed il *controtransfert terapeuta-opera*.

Vi è da tener conto di questi transfert (spostamento di sentimenti ed emozioni verso un'altra persona o oggetto), di quello che il *fruitore* riversa nell'*opera* e del controtransfert da parte del *terapeuta* verso l'*opera*. Questo particolare controtransfert potrebbe portare a sensazioni ed interpretazioni da parte del *terapeuta* verso l'*opera* influenzando il dialogo del *fruitore* con il proprio inconscio esternato. La relazione del *terapeuta* verso l'*opera* è vincolata ma anche svincolata dal *fruitore*, l'*opera* può generare nel *terapeuta* sensazioni opposte o uguali a quelle già provate inconsciamente verso il *fruitore*.

L'opera deve essere distinta in due tipologie, quella precedente alla terapia e successiva, iniziata dopo il primo incontro con il *terapeuta* e quindi terapeutica. Questa distinzione serve per capire quando nelle opere inizia a subentrare quel meccanismo attivo di ricerca e di risoluzione della creazione. Le *opere precedenti* sono da considerarsi un ottimo materiale di analisi per trovare tematiche, soggetti o contenuti simili e collegati tra loro.

Tramite l'*opera precedente*, creata o meno dal *fruitore* ma sempre ricollegabile ad esso in quanto rappresentato o coinvolto emotivamente, vi è l'analisi e la discussione attraverso la rievocazione del vissuto.

Secondo la differente natura sarebbe opportuno suddividere le *opere precedenti* in:
- *Opera prima* (la creazione spontanea preesistente).
- *Oggetto artistico* (un oggetto di stampo artistico creato da un terzo soggetto).

L'*oggetto artistico* a sua volta, data la presenza o assenza di un elemento emotivo passato, si distinguerebbe in:
- *Rievocativo* (permeato dai ricordi e rappresentante una situazione o un oggetto reale, sia esso il *fruitore* stesso o un ambiente).
- *Fantasmatico* (un oggetto artistico non riferito ad un'esperienza diretta del *fruitore* e in grado di risvegliare in lui l'attività psichica inconscia).

Il *fruitore* sarà in grado di rivivere i propri ricordi attraverso l'*oggetto artistico rievocativo* in una maniera visivamente distorta dalla propria soggettività.

L'*opera prima* può essere *criptica* (puramente emozionale) in quanto difficilmente codificabile oppure *rievocativa* in qualità di *oggetto artistico*. Questa doppia proprietà è particolarmente presente all'interno del mezzo fotografico utilizzato dal *fruitore* per scopi creativi come ad esempio l'autoritratto o il reportage, in questo caso la fotografia diviene sia oggetto fisico e legato al materiale ed al vissuto, sia un'espressione artistica. Una peculiarità capace di fluire all'interno dell'opera terapeutica in modo tale da attuare un approfondimento del vissuto cosicché si attivi l'autoanalisi e la spinta emotiva in grado di risvegliare dal torpore l'animo umano (*l'epifania*) Proprio in quest'ambito, nella relazione tra l'opera e la rievocazione di emozioni e ricordi sopiti, focalizzo quella che definisco **Fotografia Terapeutica Psicodinamica.**

L'opera precedente diviene quindi *opera prima* oppure *oggetto artistico rievocativo* oppure l'*oggetto artistico fantasmatico* (il quale può essere un'immagine portata dal *fruitore* o scelta dal la quale è in grado di attirare la sua attenzione).

4.4. Il Terapeuta

Il transfert per Freud è un innamoramento, una fascinazione, che il *terapeuta* esercita sul *fruitore*. Si tratta del guadagnarsi e meritarsi la fiducia di un rapporto empatico col *fruitore* così da riuscire a farlo aprire ad un dialogo che può portarlo ad una crescita personale. Il controtransfert è invece il flusso contrario ed emotivo del *terapeuta* verso il *fruitore*.

Il *terapeuta* non è un osservatore assente ma è presente e partecipe nella terapia questo fa sì che anche lui provi delle sensazioni nei confronti del *fruitore* in grado di influenzare positivamente o negativamente il loro rapporto.

Questo scambio di transfert può causare una reticenza, una resistenza all'analisi ed alla terapia.

Mai porsi al di sopra del *fruitore*, anche il *terapeuta* necessita di ogni seduta ed esperienza per una propria crescita ed analisi personale. Il rapporto è alla pari, il *terapeuta* ha il ruolo professionale di controllo della situazione ma ha anche bisogno della collaborazione da parte del *fruitore*.

Il *terapeuta* dovrà creare un legame anche con l'*opera* attraverso la quale potrà aprire un dialogo con il *fruitore* ed un'indagine spontanea, lasciando riemergere esperienze ed emozioni personali. Nel dialogo ci scontriamo col suo vissuto di un altro individuo, bisogna cogliere le vibrazioni dei suoi traumi celati senza interpretare forzatamente il suo pensiero lasciando fluire il simbolismo formatosi con la sua esperienza e cultura.

Un'eccessiva eccitazione e produzione rischia al contrario di creare una sovrapposizione dei contenuti e del materiale inconscio generando il bisogno di insegnare la pratica della lentezza e della precisione ed attuando una scrematura ed una classificazione dei contenuti; in queste produzione caotiche vi son spesso temi o scelte ripetute sulle quali poter lavorare seppur visivamente scostanti. Il *fruitore* riversa se stesso nell'*opera* in maniera più o meno inconscia e permeandola di un proprio volere, l'*opera* a questo punto sarà il fulcro attraverso il quale creare un legame, un'apertura verso il materiale inconscio dove risiede l'origine del *malessere*.

Grazie alla conoscenza basilare delle arti il *terapeuta* può diventar la guida artistica di un *fruitore* particolarmente bloccato giocando e ponendo esempi per primo dimostrando quanto durante il gioco creativo non vi siano giudizi o limitazioni. Non è il perfezionamento tecnico ad interessarci ma lo sviluppo personale, il percorso interiore e la crescita costruttiva legata al *fruitore*.

Uno scontro spesso risolto durante l'adolescenza o la preadolescenza è l'accettazione delle imperfezioni e singolarità passa spesso per il confronto con l'altro o con la collettività. Un paragone verso un altro individuo, o una moltitudine (ed il processo culturale dell'omologazione), può generare psicosi in quanto nel farlo non potremo mai conoscere ogni casualità che ha portato alla formazione di tale entità. Questa omissione genera una frustrazione ed un senso di disadattamento, i nostri sforzi vengono sopravvalutati rispetto a quelli altrui poiché dei loro non vediamo le sofferenze e le enerige spese; dunque nella visione egocentrica il successo degli altri è sempre immeritato. Tramite l'indagine artistica ed autobiografica si può ricostruire l'identità frantumata del *fruitore* in modo tale da rinsaldarne l'autostima nei confronti della società.

L'apertura verso l'altro è favorita dal carattere sociale dell'arte in quanto mezzo di comunicazione, per questa sua caratteristica un metodo prevalente nell'arteterapia è il gruppo nel quale si è in grado di favorire la condivisione e la riflessione di una ristretta cerchia di individui. Sarà l'intero gruppo a sviluppare le proprie emozioni e sensazioni favorendo un discorso intersoggettivo (tra più soggetti) nel quale discutere sia del singolo punto di vista sia di quello degli altri componenti e del *terapeuta* che presiede l'incontro. La condivisione delle esperienze e paure può aiutare a creare nuovi legami sociali ed a rielaborare il proprio vissuto favorendo una possibile epifania risolutrice.

Si crea tra il gruppo, il *fruitore* ed il *terapeuta* una comunicazione catalizzata dall'*opera*, un'pertura empatica tra soggetti con difficoltà a socializzare i quali trovano un appiglio facendo riferimento all'*opera* e dialogando attraverso di essa e non direttamente col gruppo; un ambiente, un *setting*, particolarmente benevolo alla socializzazione ed al reinserimento futuro all'interno della società e delle sue norme.

In alcuni *fruitori* apatici vi può esser un rigetto verso il gruppo perchè in loro vi è stato un trauma, o una mancanza, che ha bloccato la loro capacità di relazionarsi.

Nei casi clinici a casua di una una malformazione o di un trauma fisico viene alterata la normale funzione del cervello causando problematiche di varia entità. Tali mancanze vanno integrare nella vita del *fruitore* aiutandolo nel suo rapporto con la società e risvegliando in lui la passione del vivere riattivando tramite l'esplorazione e la sperimentazione del mondo quei neuroni che seppur limitatamente e stimolati sono in grado di creare nuovi collegamenti, nuove sinapsi, e riallacciarsi ad altre zone del cervello. Lontano dal parlare di un perfetto ritorno alla normalità o alla riacquisizione totale delle facoltà perdute o mancanti è però possibile alterare la percezione di queste sventure nei confronti della quotidianità agevolando il pensiero positivo e creativo.

Per Martin Hoffman nell'individuo sano l'empatia si sviluppa durante la prima infazia, se un bambino di un anno d'età vede qualcuno farsi male piangerà in quanto in lui si stanno formando le capacità di rapportarsi con gli altri. Se in questa fase o in quelle successive avviene un distaccamento da parte della sua figura di riferimento (la madre nello studio di Hoffman) allora si rischia una chiusura verso il mondo esterno ed una incapacità nel regolare le emozioni.

Se la mancanza non viene colmata il *fruitore* deve trovare una nuova figura di riferimento tramite la quale imparare a tornare animale sociale, un ruolo che nei casi più acuti dovrà esser assunto dal *terapeuta* per un certo periodo di tempo durante il quale creare lo stimolo all'empatia dimostrando quanto il terapeuta o l'altro possa esser simile al *fruitore*. Si potrà più avanti stimolare il *fruitore* a prendere come esempio i comportamenti sociali mostrati durante la terapia, siano essi verbali o non verbali.

Il rispecchiamento è una questione sia psicologica sia neurologica in quanto vi sono dei neuroni, denominati specchio, adibiti a tale funzione e tramite di essi si possono riattivare a livello fisico le sensazioni ed emozioni bloccate e catartiche. Divenir la figura di riferimento è fondamentale per risvegliare determinati percorsi cognitivi all'interno di un *fruitore* apatico.

Non si potrà creare empatia se la persona con cui sto avviando un dialogo non ha mai provato le medesime sensazioni. Prendiamo l'amplesso come esempio, non si può spiegare il turbinare di emozioni fisiche ed emotive sfocianti in un rapporto a chi non l'ha mai provato. In aiuto al *terapeuta* nel comprondere ed empatizzare con situazioni sconosciute viene l'esperienza diretta con soggetti analoghi, in questi casi bisogna farsi portatori ed esternatori di emozioni passate per le quali si è stati solamente un veicolo ed un contenitore.

Un coinvolgimento da parte dello specchiamento avviene se il soggetto ha già avuto un'esperienza analoga a quella del suo interlocutore, in questo maggiore sarà l'esperienza del *terapeuta* maggiore sarà il suo grado di consapevolezza e trascinamento emotivo nei confronti del *fruitore*.

5. Concetti

All'interno del fruitore in relazione al proprio inconscio, al terapeuta ed al potere curativo dell'arte esistono dei concetti fondamentali da dover tener presenti all'interno della terapia. Ho ritenuto opportuno, rispetto a temi riconosciuti dalla metodologia quali il transfert freudiano, il simbolismo, i blocchi o il materiale psichico analizzare personalmente questi elementi in grado d'influire sulla psiche del *fruitore* e sull'andamento della terapia.

5.1. Il Malessere

Il *malessere* è quella forza pulsante che si genera dal materiale inconscio non elaborato, ovvero quei ricordi, quelle sensazioni, che non sono state integrate nel vissuto ma rimosse e nascoste dietro ad impedimenti autoimposti. Dietro a questi i blocchi psichici il materiale inconscio imputridisce creando pulsioni che tentano di sfondare le barriere e ad ogni loro vibrazione verbalmente inesprimibile il malessere esistenziale ci assale entrando in risonanza col nostro intero essere.

Questi blocchi sorgono in seguito a traumi e ci frenano, ci impediscono di agire manifestandosi in comportamenti consci o inconsci. Ogni trauma è in grado di modificare a livello fisico il la psiche e di rimando è possibile agire anche al contrario, eliminandoli o aggirandoli, essendo il cervello sempre alla ricerca di nuovi collegamenti (là dove possibile).

La terapia grazie alla plasticità sinaptica (base dello sviluppo e soggetta a modifiche da parte delle esperienze) può limitatamente nell'individuo conscio modifcare a livello biologico il pensiero. Si tratta di stimolare il senso di benessere e realizzazione dell'individuo, di dare una scarica adrenalinica all'intero corpo sopito o danneggiato.

I blocchi psichici si possono risolvere una volta tornati in possesso del nostro materiale rimosso. Per eludere le barriere, attuiamo una proiezione lasciando che il materiale inconscio si proietti su di un oggetto o un atto.

L'*opera* alla quale si giunge dopo un percorso terapeutico riesce grazie al suo esser *divino nel quotidiano,* ad aggirare i blocchi proiettando la materia inconscia nell'arte costituendo un Doppelgänger, il fantoccio, attraverso il quale il fruitore può avviare un dialogo introspettivo ed estrospettivo con se stesso allo scopo di una crescita personale e di una rivelazione delle proprie cause di malessere.

Ciò che ha una valenza divina non ha freni e ci elude, inganna la psiche e ci porta dove non vorremmo tornare obbligandoci ad affrontar faccia a faccia per gioco quell'elemento rimosso.

Fuggire di nuovo dopo aver scrutato nell'inconscio senza aver riflettutto avrebbe un senso vago ed effimero di guarigione. Grazie al dialogo interiore si può trovare il senso del *malessere*, un percorso catartico e liberatorio tramite il quale potremo finalmente riaprire gli occhi ed uscire dalla gabbia che ci siamo creati.

Il materiale inconscio rielaborato e purificato può allora venir riassorbito come esperienza di crescita, la sofferenza è parte integrante dello sviluppo, impedendogli d'esser parte di noi avvieremmo un procedimento spiritualmente degenerativo.

Riconciliamoci con la nostra fallibilità in quanto uomini. L'accumulo di materiale inconscio che si tramuta in *malessere* è un procedimento ciclico, non riusciremo mai a vivere pienamente nella sua assenza ma grazie alla terapia possiamo imparare a cogliere i primi avvisi di un accumulo eccessivo ed i metodi sul come esternarli ed accettarli nuovamente.

Il fine della terapia non è la rimozione ma l'assorbimento e l'accettazione di tale *malessere*.

5.2. Il Divino nel Quotidiano

Per quanto concerne l'*opera* mi sembra opportuno soffermarmi sul concetto del *divino nel quotidiano*. Questa è una capacità della mente umana di attribuire un valore superiore ad oggetti altrimenti ordinari, ne è un esempio l'*opera* nell'arteterapia poiché grazie al lavoro ed all'analisi da parte del *terapeuta* diviene il contenitore del *malessere* del *fruitore*.

Il concetto è l'infondere significati in un determinato oggetto, segno o rito sopraelevandoli a simbolo, questo può avvenire per esperienze personali, per istruzione o per motivi religiosi. Perfino i tatuaggi affetti da determinata scelte assumono un valore divino che porteremo per sempre sulla pelle.

Nella fede i dogmi ed i tabù permettono ai simboli di mantenere il potere mistico grazie a riti ed oggetti permeati e protetti da una moltitudine di significati subentrati nel soggetto per scelta o per vissuto. Nella terapia si cerca di trovare, capire o creare oggetti, azioni o abitudini che per il *fruitore* abbiano un significato superiore a quello che gli spetta per rendere così tangibile e visibile l'inconscio altrimenti impossibile da analizzare. Il soggetto acquisisce un'accezione divina differenziandosi dagli altri oggetti simili ecco perchè lo definisco il *divino nel quotidiano*. Questa particolarità è essenziale per permettere ad un oggetto di oltrepassare le barriere psicologiche e giungere ad accogliere la proiezione del materiale inconscio contaminato dal *malessere*.

Il primo contatto che ebbi con il concetto di *divino nel quotidiano* avvenne durante l'adolescenza, all'epoca praticavo la lettura dei tarocchi. Nelle sedute notai la fiducia altrui riversata in me e nelle carte in quanto 'entità mistiche' grazie a determinati riti preparatori ed al *setting*. Le carte assumevano allora il potere del *divino nel quotidiano* permettendomi una maggior autorevolezza ed intimità nei loro confronti. Veniva in loro risvegliato il valore simbolico e le interpretazioni nascevano dalla conoscenza del vissuto e dai comportamenti verbali e non-verbali tenuti dai consultanti i quali non poteva mettere in dubbio la vericità inconfutabile della lettura che aveva assunto in sé qualcosa del divino. La divinità ci conosce nell'inconfessabile e questo permette al consultante di raggiungere i desideri incosci esternandoli e meditando sul proprio passato, presente e futuro.

La stessa operazione avviene nel *setting* e nell'*opera* prodotta nella terapia.

Un precursore di questo utilizzo terapeutico può esser ritenuto *Le Confessioni* di Sant'Agostino del 397 nelle quali Agostino d'Ipponia dialoga con se stesso utilizzando la scrittura e confessandosi direttamente a Dio al quale non può sottrarsi e neppur mentire.

5.3. L'Epifania

Ognuno di noi necessità dell'autoanalisi derivante dall'interpretazione dei nostri prodotti artistici cosicché poter dialogare col frammento divino trasportato nella materia, ovvero col simbolico dell'*opera* nella quale riversiamo inconsciamente il *malessere*.

Il prodotto permeato di significato acquisirà un valore superiore divenendo indiscutibile e custode dell'*epifania* rivelatrice. Un escamotage in grado di permetterci un dialogo interiore onesto. Questo è un primo passo verso ciò che riscuote l'animo dal torpore e risveglia il fuoco sacro della pulsione a vivere ed esplorare il mondo, è un ritorno alla gioia di vivere, un dissiparsi della nebbia nella quale la psiche si è affossata. Si tratta di una illuminazione del banale, di un pensiero latente in grado di gettare nuova luce sugli accadimenti del vissuto smuovendo un cambiamento interiore.

Il concetto di *epifania* come viene intesa in questo saggio venne introdotto da James Joyce nella raccolta di novelle *The Dubliners* scritte tra il 1904 ed il 1906 e definito come una rivelazione scaturita da una situazione o da un oggetto quotidiano in grado di provocare un risveglio fulmineo ed un collegamento mentale con qualcos'altro di totalmente estraneo a quel momento. La scelta d'utilizzare il termine *epifania* si cela nel suo esser correlata al vissuto, al reale ed all'elemento rievocativo proprio della fotografia.

Un termine simile all'*epifania* ed utilizzato in arteterapia è l'*insight* derivato dalla Psicologia della Gestalt e facente riferimento alla capacità improvvisa di un individuo di collegare elementi sconnessi in una nuova forma attraverso una ristrutturazione improvvisa del campo cognitivo.

Lo sviluppo di tale concetto si ebbe nel 1917 quando l'esponente della Psicologia della Gestalt Wolfgang Köhler studiò il comportamento degli scimpanzé dando a loro il compito di raggiungere una banana lontana dalla loro gabbia utilizzando diversi bastoni. I tentativi fatti e le pause (il carattere discontinuo dell'apprendimento nel 1921 verrà integrato al concetto di *insight*) servivano per giungere all'improvvisa illuminazione, in questo caso nel combaciare assieme due bastoni per giungere alla distanza necessaria. Lo scimpanzè arrivò alla soluzione non tanto per i tentativi o errori ma perchè aveva riconfigurato gli elementi (impedimenti, strumenti, obbiettivo, ...) in modo tale e improvviso da trovar la risposta. Vi è la capacità latente del cervello di continuare ad elaborare in maniera inconscia fino a giungere ad un risultato, quest'attività di background rimane sopita e se impossibilità a sfociare in un *insight* può divenire una causa scatenante del *malessere*.

La guarigione è un lungo percorso interrotto dalla violenta rivelazione spirituale serendepica dell'*epifania* che può celarsi dietro un blocco psicologico innalzanto per tutelarci dai traumi.Questa scintilla si può generare da un tizzone ancora acceso tra le ceneri dell'incoscio grazie alla quale giungere all'autoconsapevolezza ed alla stabilità mentale.

6. La Nascita della Fotografia Terapeutica

Nel 1852 Hugh Welch Diamond, direttore del Surrey County Lunatic Asylum (Inghilterra), utilizza il mezzo fotografico nel dipartimento femminile del manicomio catalogando le diverse tipologie d'insanità attraverso la fotografia e cercando una correlazione tra le patologie e la loro manifestazione sui lineamenti dei volti delle pazienti. La ricerca otterrà un maggior riconoscimento grazie alla pubblicazione *The Face of Madness* di Sander L. Gilman del 1976.

Nel 1856 Diamond lesse *On the Application of Photography to the Physiognomic and Mental Phenomena of insanity* (*Sull'applicazione della fotografia ai fenomeni fisiognomici e mentali della follia*) alla Royal Society of Medicine di Londra esponendo i benefici della fotografia in ambito psichiatrico e rivelandone le capacità terapeutiche. Thomas Nadauld Brushfield, direttore del Manicomio di Chester, ispirato dal suo lavoro appoggiò la tesi di Diamond riscontrando il medesimo effetto terapeutico della fotografia sui suoi pazienti in un articolo del 1857 sul Photographic Journal. Analizzando i propri ritratti i pazienti potevano identificarsi nuovamente in loro riacquistando l'amor proprio o riuscire a percepire il disagio dei quali erano vittime. Un beneficio tale da spingerli ad una cura maggiore della loro persona in vista delle successive fotografie. I pazienti inoltre tendevano a voler inviare i ritratti migliori alle loro famiglie, probabilmente per rassicurarli sul loro stato di salute.

Dal 1852 al 1862 William Charles Hood, responsabile del Bethlem Asylum di Londra, approcciò la fotografia come ansiolitico per i suoi pazienti, accorgendosi allora di come quel mezzo terapeutico allietasse le giornate dei pazienti. Osservandoli notò come in modo spontaneo ed inatteso iniziarono a far della fotografia il fulcro delle attività all'interno del manicomio arrivando a prestar maggior attenzione a loro stessi ed al loro aspetto.

Nel 1926 Jacob Levy Moreno, emigrato in America, getterà le basi per lo psicodramma sviluppando la tecnica ed evolvendola negli anni a venire. Il suo utilizzo frequente della fotografia come punto di partenza per le sedute di gruppo sarà fondamentale per le future teorie sulle Fototerapia di Jo Spence.

Nel 1938 Gerhild Von Staabs elabora il test psicodiagnostico proiettivo denominato Scenotest. Nella terapia gli oggetti acquisivano un valore simbolico grazie alla tecnica della proiezione; questi spaziavano dalle bambola a riproduzioni di animali, oggetti quotidiani e fotografie. Costruiva scene sulle quali proiettare sentimenti ed esperienze tramite l'uso di bambole raffiguranti persone diverse (genitori, parenti, medici, bambini, adulti...) nelle quali immedesimavano loro stessi e le loro conoscenze desoggettivandosi ed aggirando il blocco traumatico.

Nel 1942 lo psicologo Carl Ramson Rogers pubblica *Counseling and Psychotherapy: Newer Concepts in Practice* testo fondamentale per le sue terapie improntate sul cliente. All'interno della sua psicoterapia utilizzava la fotografia come stimolo per entrare nel vissuto del paziente e per creare con lui empatia. Fu il padre della psicologia umanistica, sosteneva le capacità terapeutiche intrinseche in ogni uomo e nella tendenza attualizzante, quella volontà dell'uomo di mirare sempre a perfezionarsi e preservarsi. Si opponeva alla concezione negativa che la parola paziente collegava la persona alla malattia quindi sostituì il termine con cliente, per lui esistevano momenti difficili e non malattie mentali. Venne inspirato dalle ricerche di Otto Rank filosofo e psicoanalista fortemente legato all'arte, alla letteratura ed alla mitologia e precursore con la sua terapia breve e relazionale della terapia improntata sul cliente.

Negli stessi anni un importante contributo allo sviluppo della fototerapia lo si dovrà allo psicanalista, famoso per i suoi studi sul narcisismo, Heinz Kohut che usufruirà della fotografia per la valutazione e la diagnosi dell'infanzia del paziente.

Nel 1949 Jacques Lacan formulerà *Lo stadio dello specchio* come formatore della funzione dell'io interrogandosi sull'azione che provoca la vista della propria immagine sull'essere umano fin dai primi anni. Lo specchio è un'immagine alla quale il soggetto non potrà mai coincidere; attraverso di esso l'immagine viene deframmentata, non si potrà vedere l'interezza dell'individuo. Partendo da questo presupposto nell'autoritratto l'autore e soggetto coincidono denaturando la percezione del sé. Nei disturbi mentali, similmente a questi casi, la nostra immagine appare frammentata. La fotografia (ed in particolare la fotografia terapeutica psicodinamica alla quale vorrei giungere) permette sulla base degli studi lacaniani una lavorazione sulla proiezione della propria immagine deframmetnata e sulla sua ricostruzione.

Nel 1960 Floyd S. Cornelison e Jean Arsenian pubblicano l'articolo *A study of the response of psychotic patients to photographic self-image experience* dove approfondiranno la loro sperimentazione al Boston State Hospital sull'uso della Polaroid su schizofrenici. Riportarono alcune risposte inusuali da parte di alcuni pazienti, come un'estrema ansia nel vedere la foto, oppure il mettersi in posa sorridenti durante lo scatto per poi tornare al loro stato depressivo, o ancora dopo aver visto se stessi in fotografia riappropiarsi nei giorni a seguire della propria cura esteriore.

Nel 1964 Marshall McLuhan, studioso degli effetti dei media e della comunicazione sulla società riterrà, nel suo saggio *Understanding Media, the Extension of man*, la fotografia causa della rottura tra l'era dell'industrialismo meccanico e l'era grafica dell'uomo elettronico. Denaturalizzandoci e fissandoci nel tempo, ha la capacità di trasformarci in oggetti, di moltiplicandoci e di influenzarci. Un mezzo istantaneo tramite il quale poter rispecchiare automaticamente il mondo esterno, questo fatto influenzò anche la pittura che si sentì vittima del furto della rappresentazione del reale, fuggendo in tal modo dal realismo verso le avanguardie pittoriche. Focalizzò il potere sempre maggiore del mezzo e della sua influenza sul nostro mondo esteriore ed interiore.

Nel 1964 Keith Kennedy ispirandosi alla tematica dell'abbattimento della barriera tra spettatori e palcoscenico del Living Theatre di New York, istituì l'Hornsey Group, un collettivo di giovani con problemi comportamentali, con lo scopo di far riacquisire ai ragazzi la loro identità.

Negli anni settanta insegnava arte e teatro nell'ospedale psichiatrico Hendersone Hospital arrivando a creare un gruppo sperimentale di fotografia terapeutica, il Group Camera. Il direttore dell'ospedale, Stuart Whiteley, constatò come la libertà di questo gruppo sviluppò la catarsi, la responsabilità e la consapevolezza della propria identità nei pazienti. Attraverso il gruppo i pazienti riuscirono a creare nuove relazioni altruistiche tra di loro sentendosi meno costretti dai ruoli sociali. Aveva idee terapeutiche chiare dove fondeva la fotografia all'improvvisazione teatrale utilizzandola come un mezzo transazionale, uno stimolo, col quale poter ottenere un dialogo, una reazione, all'interno di un gruppo.

Nel 1973 incontrerà ed ispirerà fortemente la fotografa Jo Spence che nel 1974 lo assisterà in diverse sessioni. Kennedy sovvertì la freddezza del mezzo fotografico sostituendo lo sguardo freddo ed autoritario del dottore o dell'insegnante costruendo un rapporto di scambio col paziente col quale instaurare un. Durante i workshop passava dalla discussione a suggerimenti usati per la creazione di immagini spesso rimaneggiate tramite collage o scrittura.

Nel 1968 a Lione (Francia) grazie a Pierre babin, Alain Baptiste e Claire Belisle nasce il Photolangage. Durante le sedute di gruppo, seguite da un terapeuta (chiamato animatore e attivo all'interno del gioco) ed uno psicologo, le fotografie venivano utilizzate per aprirsi e raccontar di loro estraniandosi dagli sguardi altrui e venendo assorbiti dal potere evocativo delle immagini. Lo scopo del metodo è lavorare alla domanda del terapeuta, facendo scegliere in silenzio ad ogni partecipante una fotografia da una serie di scatti d'archivio, dopo questa prima fase ognuno potrà analizzare, motivare e narrare la fotografia ponendo non solo il proprio punto di vista in essere ma anche quello degli altri rispetto al tema proposto che potrà riguardare il lavoro, le relazioni, l'identità, la salute, la sessualità, i cambiamenti o la celebrazione della vita.

Nei primi anni settanta Silvio Fanti, fondatore della micropsicoanalisi, descriverà l'utilizzo durante le sedute di fotografie personali da parte dei pazienti, i quali in tal modo potevano approfondire e descrivere il dato visivo ricostruendo ricordi e sensazioni legate a quel momento, luogo o persona.

Nel 1974 Jo Spence assieme al compagno Terry Dennet, col quale fondò la Photography Workshop Ltd, convertì un furgone in una camera oscura in modo tale da poter raggiungere i diversi gruppi della comunità dei dintorni di Londra. Vedeva nella fotografia uno strumento politico a favore della classe operaia e credeva che la comunità avesse il potenziale di portarla nelle mani delle persone, escludendo in tal modo gli esperti. Per lei i fotografi della comunità potevano incoraggiare altre persone ad avvicinarsi alla pratica grazie ad attrezzature economiche ed all'accesso alla camera oscura, mirava ad una fotografica più democratica.

Jo Spence considera la fotografia una cura e dopo l'incontro con Keith Kennedy elaborò il metodo sperimentale della Camera Theraphy che solo in seguito grazie alla collaborazione con Rosy Martin verrà denominato Photo-Therapy. Utilizzava le sue foto personali per aumentare la propria consapevolezza del sé e potersi in tal modo migliorare. Aveva un approccio politico e documentaristico improntato su tematiche femministe e socialiste.

Nel 1982 le viene diagnosticato un tumore al seno, da allora la sua ricerca si spostò sulla ricerca di una sanità sia mentale che fisica in rapporto alla sua identità ed esperienza personale, un lavoro contenuto nel progetto Shock/Cancer. Jo Spence si ispirò a diversi artisti per sviluppare le proprie metodologie tra le quali la Therapeutic Staging (Messa in Scena Terapeutica), la Mirror Theraphy (Terapia dello specchio), lo Scripting (Sceneggiando) e nel 1984 assieme a Rosy Martin la Collaborative Phototherapy (Fototerapia Collaborativa).

Nel 1975 Judy Weiser utilizzerà la parola Phototherapy per analizzare le possibilità psicoterapeutiche del mezzo facilitando da parte del paziente la narrazione della sua storia personale e l'esplorazione del sé aggirando le difese di un resoconto verbale tramite un'apertura non verbale e nel 1982 aprirà il Photo Teraphy Centre in Canada, a Vancouver. Grazie al suo impegno ed ai suoi studi è considerato un pilastro fondamentale per la costruzione della fototerapia come la conosciamo oggi.

Nel 1977 sulla rivista Psychology Today venne chiesto ai lettori in quanti utilizzassero il mezzo fotografico durante il counseling o l'helping, risposero in più di duecento consolidando l'importanza della fototerapia e spingendo la rivista ad aprire la Phototherapy Quarterly News.

Nel 1979 in DeKalb, Illinois, si terrà il primo International PhotoTherapy Symposium.

Nel 1979 J.P. McKinney usa il mezzo come terapia per curare gli adolescenti con problemi emozionali e nell'articolo sulla rivista Photo Counseling porterà la testimonianza di una insegnante la quale vide un ragazzo aprirsi alla classe solamente dopo aver portato delle fotografie della propria famiglia esternando in maniera non verbale un concetto per lui altrimenti inesprimibile.

Nel 1980 Stanislaw Tomkiewicz e P. Ehrlich pubblicano l'articolo *Le Photodrame: apprentissage et transmissibilité (Il Fotodramma: apprendimento e trasmissibilità)* analizzano le difficoltà dei fotodrammatisti e la possibile integrazione in un programma istituzionale.

Mirreille Courtit e Pierre Cadoni, esponenti della micropsicoanalisi, negli anni ottanta presso l'Université de Besançon usufruiranno abitualmente delle fotografie durante le loro terapie integrando tecniche attive a terapie farmacologiche.

Nel 1983 David Kraus e Jerry Fryrear pubblicano Phototherapy in Mental Healt esaltando il lato evocativo della fotografia in grado di riesumare emozioni sepolte, facilitare la socializzazioni e la catarsi delle persone, documentare i cambiamenti dell'individuo ed il confronto personale. A molti pionieri dell'epoca fu data l'occasione di contribuire dando ad ognuno di loro lo spazio di un capitolo all'interno del volume.

Alan Entin descriverà il suo utilizzo delle fotografie nelle sue sedute di psicoterapia familiare per indagare i rapporti tra i membri della famiglia chiedendo loro quali fossero le fotografie preferite o maggiormente odiate.

Robert Wolf riporterà i suoi lavori sulla fotografia istantanea in relazione a bambini vittime di autismo, associali, con deficit di apprendimento e adolescenti problematici.

Judy Weiser studiò l'effetto terapeutico della fotografia sulle persone con difficoltà di identificazione portando soprattutto il suo rapporto e legame duraturo e dettagliato con una nativa americana che all'inizio della terapia aveva nove anni.

Joe Walker tentò un approccio simile alle macchie di Rorscharch mostrando fotografie spesso astratte e scattate da lui. Per Walker la fotografia doveva essere una parte integrale per catalizzare il rapporto tra psicoterapeuta e paziente.

Nel 1984 Nicola Peluffo con il libro *Immagine e Fotografia* riporta il largo utilizzo delle immagini fotografiche come tecnica attiva nello sviluppo della psicoterapia. L'immagine fotografica è per Peluffo in grado di far riaffiorare le rimozioni grazie alla sua capacità di lasciar orme all'interno del mondo psichico. Secondo Peluffo una qualunque psicoterapia si può tentare unicamente nel caso in cui la psiche della persona non sia morta, se in un individuo viene a mancare la spinta epistemofilica (la pulsione di voler conoscere ed indagare la realtà) allora una terapia non sortirà alcun effetto. Si può intervenire solo verso chi, seppur in maniera scordinata e disordinata, produce tentativi e non verso chi è bloccato in uno stato patologico di inerzia.

Nel 1985 Robert C. Ziller e Brett A. Rore in *Shyness-environment interaction: A view from the shy side through auto-photography (Timidezza-interazione con l'ambiente: una vista dal lato timido attraverso l'autofotografia)* spiegano come gli scatti di persone timide alla domanda 'Chi sei?' erano maggiormente orientati all'estetismo e meno alla persona.

Fin dal 1985 l'artista e terapeuta Rosy Martin esplora l'autoritratto indagando in quale forma influenza inconsciamente i ricordi e l'identità personale. Collaborò con Jo Spence costituendo la Reenactment Phototheraphy (Fototerapia rievocativa), con kay Goodridge (Outrageous Agers), e con Emma White analizzò il potere e l'impotenza all'interno di un gruppo di consulenza e la capacità di poter apportare un cambiamento effettivo nella persona e con Seija Ulkuniemi lavorò sul suo rapporto con il paesaggio lappone (Healing in Mourning).

Negli anni novanta Gioia Marzi, psichiatra e micropsicanalista rielaborerà le metodologie di Courtit e Cadoni usando la fotografia nelle sue terapie indagando l'apporto che il mezzo può portare nella cura del paziente.

Nel 1994 Linda Berman pubblica *Beyond the Smile: The Therapeutic Use of the Photograph (Oltre il Sorriso: L'Uso Terapeutico della Fotografia)* nel quale indaga e spiega con apposite illustrazioni l'utilizzo e l'importanza delle fotografie nelle nostre vite e la loro capacità di risvegliare le emozioni e le memorie legate ai rapporti familiari, individuali, di coppia e di gruppo.

7. Fotografia Terapeutica Psicodinamica

La contemporaneità necessita di una guida, le immagini stanno prendendo il sopravvendo sostituendoci in un mondo iperconnesso nel quale abbiamo perso di vista la vera socialità. Ci sentiamo sconfitti da tutti gli input caotici vorticanti nel cyberspazio nel quale siamo stati risucchiati. Il voler esser social si è trasformato, non siamo più degli individui ma delle apparenze, ecco perchè necessitiamo di una guida, o almeno di dover riacettare un'immagine in funzione di noi stessi. La nostra immagine deve rispecchiarci senza timori e non il contrario, ci lasciamo modellare da quel che ci circonda perdendo gli spazi e le necessità interiori, ecco allora subentrare la Fotografia terapeutica Psicodinamica la quale permette di riappropriarci di noi stessi rielaborando questa proiezione fotografica così abusata oggigiorno.

Per introdurla riprenderò allora alcuni concetti già spiegati nell'ambito terapeutico.

Tornando nella pratica e parlando di fotografia in ambito terapeutico bisogna effettuare una distinzione separando la fototerapia (phototherapy) dalla fotografia terapeutica (therapeutic photography). La prima è legata all'ambito psicanalitico ed all'utilizzo di fotografie già esistenti, facenti parte dell'archivio del *terapeuta* e della storia e famiglia del *fruitore* mentre la seconda riguarda l'indagine attraverso lo scatto e differisce per la necessita di realizzare l'immagine e per l'azione attraverso l'attrezzatura professionale o amatoriale.

Nel *setting* della fototerapia la fotografia è un'*opera* particolare dato il suo stretto legame col reale e col tempo, se realizzata dal *fruitore* è contemporaneamente un'*opera prima* ed un *oggetto artistico rievocativo* e quindi si può definire *opera prima rievocativa*. La differenza sostanziale tra *opera* e *oggetto artistico* sta nell'esser creata dal fruitore o da terzi.

Tramite l'*oggetto artistico* vi è l'analisi e la discussione attraverso la rievocazione del vissuto. Il *fruitore* sarà in grado di rivivere i propri ricordi in una maniera visivamente distorta dalle proprie sensazioni ed in queste immagini simboliche può giacere l'*epifania* in grado di risollevare il torpore dell'animo per condurlo verso una guarigione.

La fotografia per quanto artistica non ha in sé la proprietà della gestualità e dell'astrazione se non in determinate e particolari scelte ed anche in quelle resta legata a quella porzione reale alterata durante lo scatto. Riesce più di ogni altra arte ad essere letta come inequivocabile in quanto generata da un meccanismo e non dalla movenza biologica umana e quindi viene già interiormente depersonalizzata, in questo riesce a mantenere al contempo la sua dualità di *opera* ed *oggetto artistico* acquisendo in sé un principio del *divino nel quotidiano*. Questa importante caratteristica peculiare del mezzo è il meccanismo più congruo al viaggio interiore ed alla crescita spirituale. Per giungere a questa abilità abilità c'è la necessità di esser guidati da un *terapeuta* in grado di sviluppare un dialogo con il *fruitore* e l'*opera*, sia *precedente* sia *terapeutica*.

All'interno della terapia si comincia il percorso attraverso il quale ci si avvicina all'arte inizialmente come sfogo. Il *fruitore* apprende di poter esser artista, o viene spronato a continuare quella via già intrapresa avendo piena libertà di scelta. Lo scopo del *terapeuta* in principio è quello dello spettatore silenzioso o del maestro tecnico in grado di dare un contributo non manomettendo il contenuto o il messaggio ma supportando il *fruitore* aiutandolo a prendere confidenza con la tecnica o lo stile.

Il percorso del *fruitore* passa attraverso alle sue possibili creazioni preesistenti, anzi, a maggior ragione in esse cela il primo approccio al suo materiale inconscio. *Opere* che sembran non aver interpretazioni contengono la chiave di lettura per i successivi lavori. Guardando le fotografie passate applichiamo un filtro emotivo di riconoscimento ed il materiale inconscio torna alla ribalta come un fiume in piena. L'immagine è fissa ma l'occhio si muove e viviamo di particolari in movimento come se venissimo proiettati all'interno di un frammento del film della nostra vita.

La fotografia coglie lo spazio metafisico del reale registrando la luce di un frammento osservano in un dato momento. A differenza di ciò che è fisico e col quale possiamo interagire la luce viene invece percepita attraverso gli occhi; essa colpisce un oggetto in una determinata maniera e sulle proprietà della materia viene rifratta verso il nervo ottico. Tanto è essenziale per far comprendere quanto la fotografia possa esser un mezzo per indagare la nostra psiche. La vista umana è in grado di analizzare più parti di una singola immagine ed ognuna di esse può fornire diverse sensazioni.

L'olfatto, il gusto, il tatto, non sono in grado di decifrare così tante informazioni quante quelle presenti in un'immagine, saranno riconducibili ad uno, duo o tre ricordi ma non potranno accedere a così tanto materiale mnemonico; al pari della vista l'udito può risvegliare ricordi specifici collegandosi a più ricordi ma resta soggetto a sensazioni puramente soggettive ed alterate della psiche. Esser consapevoli di questo inquinamento da parte dell'ego verso il materiale mnemonico è un passaggio fondamentale per giungere all'autoconsapevolezza.

L'uomo basa le sue esperienze essenzialmente sulla vista e l'immagine generata dalla luce diviene perfino lo spunto dei nostri sogni. Ogni scatto intrappola un'essenza ed il rapporto con quel luogo, tempo e la relazione con l'autore o il soggetto. A volerne esser più coscienti lasciamo che il tempo fluisca come se non fosse importante e di quei momenti a noi cari non conserviamo neppur un'istantanea. Le fotografie del passato son realizzate per il futuro, per ricordarci chi eravamo. Le persone presenti nelle fotografie diventano dei fantasmi legati alla proiezione del ricordo che abbiamo di loro e nel teatro della memoria soggettiva si muovono legati alla gioia o al dolore da noi provati nel tempo dello scatto.

Camminando percepiamo un'infinità di spettacoli dei quali non possiamo esser partecipi. La ricerca dietro alla composizione dell'immagine è uno stimolo fisico e terapeutico. Nel reportage e nella fotografia paesaggistica è evidente in quanto bisogna camminare, correre, indagare e scattare mentre nella ritrattistica bisogna rievocare un contenuto tramite una posa; il medesimo volere lo si ritrova nello still-life nel quale il materiale scelto come soggetto viene modellato secondo un'idea.

La fotografia non esisterebbe senza la fisicità ed il movimento in grado di metter il fotografo in relazione al mondo. La scelta di un ritaglio particolare del mondo e del tempo è una decisione non solo mentale ma fisica.

L'importante è percepire cosa ed in quale rapporto ci ha attratti. Nella ricerca e nella creazione dell'immagine siamo legati al prodotto finale fin da quando prendiamo in mano la macchina fotografica. L'immagine o meglio il soggetto ci chiama come se dai nostri occhi un filo ci chiamasse a lui. Attraverso la scelta di immortalare la psiche lancia dei segnali ed ecco che entriamo in noi, proiettando messaggi subliminali in maniera inconscia sul soggetto della nostra ricerca. Scattare ci dona il controllo su una determinata situazione, aver la possibilità di attuare quell'estrapolazione della realtà conferisce un'autorevolezza in grado di sfamare l'autostima. La fotografia genera delle sensazioni di sicurezza ed espressione attraverso la protezione contro il tempo (Sostituisce a ciò che il tempo ha distrutto un'immagine fissa ma in grado di risvegliare il movimento nella memoria), la comunicazione, la realizzazione personale (generare un prodotto artistico o appropriarsi di un soggetto), il prestigio (testimoniando viaggi e successi) e la distrazione o l'evasione.

Le esperienze quotidiane vengono enfatizzate e ci permettono una miglior percezione delle esperienze personali donando un valore superiore allo sguardo ed una sensazione di autorealizzazione terapeutica. Portar a termine una scelta così importante come congelare un istante risveglia la meraviglia e la completezza. Quando raggiungiamo lo scatto desiderato ne rimaniamo stupiti e l'inconscio si rivela; grazie al *terapeuta* si può iniziare un dialogo con l'immagine ed attraverso il materiale rimosso proiettatto, con noi stessi.

In passato le fotografie fungevano da collante sociale, basti pensare alle fotografie di gruppo, politiche e culturali o ai matrimoni quando le famiglie divenivano un unica aggregazione, allora l'immagine univa tutti indissolubilmente (la rottura di un individuo col gruppo di fatti si tramutava spesso nella sua rimozione fisica da tale immagine) o ancora un altro fenomeno specchio di questa capacità la si ritrova nella nascita di un figlio quando solitamente si comprava una macchina fotografica per poter documentare l'accaduto e rinsaldare il nuovo nucleo familiare.

L'uomo essendo un animale sociale è sottoposto non solamente all'effetto delle persone a lui più prossime ma anche a quello dell'intera società e di rimando da ogni oggetto e soggetto intriso da quel valore. La fotografia assume un valore relazionale ed empatico nel confronto dell'intera area sociale della quale il fruitore subisce l'influsso, un dato opprimente se pensiamo che oramai il pianeta Terra è entrato nell'antropocene.

Oggi la fotografia è una visione sociale nella quale cerchiamo un'illusione rassicurante di un riconoscimento sociale sfalsato. Siamo influenzati dalle percezioni degli altri e tendiamo a focalizzarci sui nostri fallimenti dimenticando i risultati duramente ottenuti; ogni confronto verrà meno in quanto ricorderemo solamene gli sbagli e non i punti di forza.

Il mezzo nella nostra concezione è in grado d'immortalare una realtà fedele e non contaminata da una costruzione o da una interpretazione soggettiva. I social network sfruttano questo bisogno di realizzazione sociale il quale però non viene mai realmente soddisfatto soprattutto per la mancanza della creazione di saldi ideali. Per rompere questo velo e poterci liberare ci corre in aiuto e grazie all'autoritratto creativo insegnandoci a decostruire, ricostruire e sdrammatizzare la nostra immagine mostrandoci l'umanità nostra ed altrui. Tramite la rievocazione dei traumi sociali e con l'elaborazione il *fruitore* potrà reinserire se stesso all'interno di un'accettazione sociale alla quale si sentiva estraneo.

Il mezzo fotografico permette il riconoscimento del sé tramite il distaccamento dalla propria immagine, desoggetivizzandola ed idealizzandola in un determinato attimo. Nell'autoritratto in particolare vi è la presenza sia fisica (in quanto compie l'azione dello scatto) sia mentale sia fantasmatica (l'immagine prodotta) del fotografo. Nei ritratti se dovessimo confrontarne i cambiamenti cronologici potremmo ritrovare sensazioni e ricordi sepolti.

Foto precedenti ad un crollo emotivo possono spingerci a recuperare l'equilibrio perduto e durante una terapia un archivio cronologico può dimostrare l'impegno (cadute incluse) ed i risultati svolti dall'individuo spronandolo a continuare sul suo percorso.

Le prime fotografie scattate generalmente mancano di una componente tecnica sviluppata eppure racchiudono un ritaglio del reale che è stato in grado di attrarci a sé, un richiamo dell'inconscio che utilizzando il simbolico tenta di parlarci.

I cosiddetti errori fotografi nella pratica terapeutica sono ben accettati in quanto è il messaggio ad importare e non la capacità di mostrare in maniera eloquente tale volontà; potrebbero oltretutto nascere da problemi di orgine biologica o nevrotica non ancora analizzati e dunque fornire nuovo materiale di studio.

La tecnica fotografica viene arrogantemente appropriata da chiunque, tutti sappiamo come si realizza, non vi son più ostacoli economici o tecnici, lo sguardo contemporaneo è viziato ci appropriamo indistintamente di ogni attimo senza più davvero guardare al mondo esterno. Anziché gettar noi nel mondo ci schermiamo freddamente prendendo le distanze e trasformandolo in un fantoccio digitale. Lo specialista della Fotografia Terapeutica Psicodinamica invece sa riconoscere la lentezza necessaria affinché si possa realizzare uno scatto degno.

Le fotografie son giudicate in riferimento alla funzione che svolgono, agli occhi di chi la guarda o può svolgere in ipotetici spettatori. La fotografia terapeutica filtra questo aspetto in quanto non sono oggetto di critica generando la sensazione di libertà mancante nel *fruitore*.

8. Tecniche

All'interno della Fotografia Terapeutica Psicodinamica utilizzo il mezzo ed il prodotto fotografico in maniera molto più fisica di quanto abitualmente non sia sfruttando le proprietà rievocative e proiettive dell'interazione simbolica di immagini e materiali.

L'azione psicodinamica della rievocazione permette il riaffiorare parziale o meno della memoria tramite stimoli e indizi esterni mentre l'azione rievocativa vincola l'attribuzione e l'identificazione di sentimenti e impulsi verso oggetti e persone simboliche in relazione alla fotografia utilizzata

La tecnica della fotografia terapeutica psicodinamica coinvolge il fruitore aumentandone l'autostima e portandolo a divenire elemento attivo nella terapia, sentendosi propenso a collegarsi direttamente alle attività ed agli esercizi in maniera tale da poter esternare il proprio inesprimibile.

Questa esternazione tipica della fotografia e delle pratiche artistiche può portare in fase avanzata lo stesso fruitore a diventare un esempio ed un punto di riferimento per altre persone in condizioni simili, conscie o incoscie, tramite la condivisione e l'esposizione; questa trasmigrazione del ruolo attraverso il passaggio di una parte della capacità del terapeuta può portare all'assunzione di uno scopo personale e sociale, il suo dolore e le sue limitazioni possono diventare una nuova spinta emotiva filantropica

Alla base delle tecniche della fotografia psicodinamica vi sono giochi basati sul collage, sull'assemblage e su quello che si potrebbe paragonare al metodo Paranoico-Critico di Salvador Dalì il quale si immergeva nel delirio e nella follia (parte paranoica) e ne riemergeva con contenuti razionalizzati (parte critica); in questo caso è il gioco con l'immagine simbolica fotografica in interazione con elementi in relazione, in contrasto o estranei al concetto che rappresentano a caratterizzare la prima fase paranoica, mentre il passaggio successivo a questo intrecciamento diverebbe la parte razionale e critica, potrei dunque definire queste azioni il nucleo della terapia in grado di rievocare l'inconscio del paziente.

Non è importante lo strumento in questi lavori, basta la fotocamera del cellulare o di un altro dispositivo, non è la risoluzione né la tecnica né la qualità della stampa a permettere la nascita dell'interazione, anzi, maggiormente è semplice ed immediato l'ottenimento dell'immagine migliore sarà il sisultato; bisogna scremarsi dalla perfezione tecnica ed estetica, foto casuali fatte con la camera frontale del cellulare e stampate in bianco e nero su un normale foglio A4 della stampante di casa sono ottime per questi lavori.

Un coinvolgimento maggiore deriva dall'utilizzo ibrido e del confronto con l'autoritratto e l'ambiente o un'altra persona ponendo le foto nei vari contesti, poggiandole o manipolandole in relazione ad un pensiero ricercando la posa, il luogo e la composizione in grado di creare ed enfatizzare relazioni tra immagine preesistente e quella che verrà creata.

La stessa attrazione si attiva utilizzando la fotografia come base per assemblage scegliendo attivamente oggetti da far interagire con la superficie malleabile e bidimensionale della stampa ottenendo una creazione del tutto nuova; questa creazione sarà appunto un assemblage che ai fini documentaristici tipici della natura del mezzo e per catalogazione digitale o meno verrà riportata all'interno della fotografia.

L'incursione sull'immagine stampata può avvenire sia per interazione con altri oggetti o luoghi sia operando un'azione performativa, fisica su di essa, come un pugno, uno strappo, una bruciatura o altro creando un'opera singola oppure una serie rappresentante l'azione.

Negli esercizi più vicini alla fotografia terapeutica, ovvero in quelli dove si utilizza un oggetto artistico precedente e rievocativo (fotografie rappresentanti il vissuto del fruitore o il fruitore stesso), vi sarà da tener conto che ogni rievocazione di un accadimento subisce influssi da chi narra la scena causando punti di disaccordo con altri eventuali spettatori causati dalla soggettività della percezione umana; questo prende il nome di Effetto Rashomon, termine derivante dall'omonimo film di Akira Kurosawa nel quale un delitto veniva interpretato da quattro testimoni in altrettanti modi diversi.

Il fruitore a causa della sua situazione avrà sempre una percezione deviata degli accadimenti, esasperando, omettendo o alternato volutamente o meno la realtà dei fatti. Per raccogliere maggior materiale di studio, dove possibile, si potrebbe confrontare il resoconto di altre persone presenti in quanto il loro pensiero e/o ricordo sull'accaduto potrebbe differire da quella del del fruitore influenzato dalle sue emozioni e da eventuali traumi e blocchi.
Bisogna agire cautamente con queste azioni rievocative in quanto potrebbero causare un conflitto ed una conseguente rottura e chiusura da parte del narratore nei confronti dell'indagine e della seduta psicologica e del terapeuta; una tutela riguardo alla fiducia nei suoi confronti si attua chiedendo espressamente al fruitore il permesso di poter dialogare con lui o con altri riguardo alla sua situazione.

Nello spiegare gli esercizi ed i benefici della terapia bisogna evitare la maledizione della conoscenza (curse of knoledge), una tendenza comunicativa e cognitiva nella quale diamo per scontate le conoscenze del fruitore.
Nel caso di una parola tecnica e/o sconosciuta al vocabolario del nostro interlocutore attiveremo in lui una rottura della comprensione del testo perdendo l'attenzione ed il senso del nostro discorso. Pesare le parole in base a chi abbiamo di fronte e verificare sempre la comprensione dei nostri intenti è la base per essere compresi e poter avviare un dialogo. La componente verbale è essenziale alla pratica della comprensione terapeutica.

Durante i primi incontri, oltre alla fase conoscitiva si parlerà delle passioni del fruitore e della fotografia in senso generale e di come la si intende iniziando a creare un'attrazione verso il mezzo, successivamente si proseguirà con un bombardamento di immagini, possibilmente correlate alle passioni del fruitore in modo tale da creare un primo transfert verso il mezzo fotografico.

Il fruitore allora verrà mano a mano guidato verso ciò che lo attrae affezionandosi in tal modo al mezzo ed intervallando la ricerca libera ad esercizi poco impegnativi nei quali iniziare ad indagare più a fondo l'immagine.

In tal modo vi sarà un'attivazione da parte del fruitore in quanto creatore di contenuti coadiuvato dalla sapiente e non invadente guida del terapeuta insegnante.

La creazione di una fotografia terapeutica, dopo la fase d'apertura, si presenterà in almeno tre sedute scandite in:

- Spiegazione dell'esercizio, Progettazione e Ricerca dei materiali necessari (che potranno essere forniti dal terapeuta o cercati esternamente alla seduta)
- Creazione (può avvenire anche in un momento esterno alla seduta soprattutto in caso di interazioni fotografia e ambiente o persone esterne oppure coadiuvati da altre persone o dal terapeuta)
- Dialogo e possibile elaborazione

Il singolo può interfacciarsi in qualunque momento col terapeuta, in un gruppo non vi è la possibilità di seguire totalmente ogni fruitore. Ognuna di queste parti scaturirà sensazioni e risposte, soprattutto durante la creazione dell'opera, cosa che singolarmente può peremettere di osservare ogni reazione ma che nel caso di una classe o di un gruppo sono percepibili solamente se molto marcate, per questo motivo sarebbe preferibile lavorare con loro presenti.

Il dialogo nel caso di un gruppo sarà un confronto tra tutti i componenti, un preambolo ad una terapia più mirata nel rapporto terapeuta-fruitore. Nel gruppo potrebbero esserci troppe influenze e comportamenti in grado di viziare i risultato e le elaborazioni, ovvero la capacità di esaminare e riconoscere relazioni, emozioni e sentimenti passati e non immediatamente accessibili, tra questi dirottamenti sicuramente vi sono transfert e controtranfert, sentimenti negativi o positivi del fruitore verso il terapeuta e viceversa, in grado di influenzare .

La fotografia terapeutica psicodinamica essendo una tipologia specifica dell'arteterapia segue le medesime fasi fondamentali già citate:

- L'*Apertura*, durante la quale vi sarà il delicato ed importante contatto con il fruitore, sarà il momento opportuno per ridestare in lui la passione, per mettere in moto una vena creativa elogiando l'unicità intrinseca del suo vissuto.

Una raccolta di prime impressioni reciproche nella quale mostrare le possibilità del mezzo artistico scelto.

Personalmente dopo una prima infarinatura procedo precocemente a bombardare di contenuti e possibilità il fruitore causando un sovraccarico in grado di distoglierlo momentaneamente dalle problematiche per concentrarsi su una tipologia di arte attinente al messaggio del suo inconscio. Almeno una immagine d'archivio sarà in grado di colpire profondamente il fruitore, quella prima accensione della curiosità può essere l'inizio del transfert.

Durante l'apertura vi sarà un approccio alla fotografia terapeutica e ad oggetti (anche e soprattutto fotografie) a cui il fruitore ha dato un particolare valore simbolico e affettivo, non vi sarà ancora un'analisi approfondita o un lavoro da attuare ma una presa di coscienza del materiale che verrà utilizzato nella fasi seguenti.

Dunque nell'apertura abbiamo il primo contatto con il fruitore, il bombardamento di immagini e contenuti atti a risvegliare una pulsione creativa e l'approccio con opere e oggetti preesitenti e precedenti alla terapia.

- La *Creazione* lascerà in principio molta libertà e sperimentazione al fruitore, al suo stile, alla sua tecnica ed ai suoi contenuti. Tramite un confronto si può riuscire successivamente a consigliare al meglio, senza importsi, quali scelte apportare per giungere al risultato tecnico desiderato dall'artista.

L'indagine avviene osservando le risposte fisiche del fruitore riguardo alle fasi, ai blocchi o ai contenuti della creazione.

- Durante il ***Dialogo***, una volta appresa la dimistechezza e l'autonomia artistica, il fruitore sarà in grado di imprimere coscientemente i contenuti inconsci nell'opera e di riconoscerli almeno in parte, questo permetterà di poter eseguire una analisi dello storico delle opere e del loro contenuto avviando un dialogo costruttivo terapeuta-fruitore attraverso le creazioni e le scelte artistiche.

- L'***Elaborazione*** è la fase finale, quella maggiormente difficile da cogliere e spesso necessita di dover ripetere per un lungo periodo di tempo le fasi di ***Creazione*** e ***Dialogo***.
Il fruitore sente finalmente d'aver appreso un metodo personale o una risoluzione in grado di attenuare o eliminare i propri problemi personali avviandosi verso un ritorno all'equilibrio emotivo.

9. ESERCIZI PRATICI

9.1. *Collettivi*
Pensati principalmente per gruppi di persone

Di Confronto: ognuno presenta una fotografia qualunque in maniera anonima, dopodiché le foto verranno fatte passare a tra i partecipanti i quali annoteranno, il più silenziosamente possibile, le proprie sensazioni riguardo ad ogni immagine. Questo esercizio permetterà il confronto del proprio punto di vista con quello di ogni altro partecipante favorendo una discussione, si auspica, costruttiva ed agevolando l'apertura verso un rapporto sociale, soprattutto nel caso di idee spesso divergenti o contrastanti.

Di Ricerca: durante un incontro precedente si discuterà di tematiche riguardo alle quali poter cercare immagini, preesistenti o da creare. I soggetti saranno portati attivamente alla ricerca o alla costruzione delle immagini mettendo in moto collegamenti inconsci legati a determinate sensazioni (paura, amore, rabbia...). Queste ricerche verranno presentate e discusse col gruppo o con il terapeuta.

Della relazione oggettuale: si chiederà di cercare oggetti con un significato particolare e coi quali realizzare una natura morta prestando attenzione alla composizione ed all'importanza di ognuno di essi. Un esercizio da portare all'interno del gruppo o in una seduta singola per sdrammatizzare la scelta privileggiando linee, luce e colori rispetto al peso simbolico degli elementi scelti.
La fotografia realizzata permetterà di analizzare approfonditamente la particolare carica emotica che ogni oggetto conserva in sé e tramite il quale analizzare se stessi.

Di Assegnazione: utilizzando fotografie preimpostate, e/o del vissuto del fruitore se svolto singolarmente, verificare e far annotare le immagini che emanano una sensazione positiva e quelle con una carica negativa, nel caso di un gruppo usare una lavagna o una tabella sulla quale appuntare non solamente l'immagine ma anche i nomi di chi ha scelto un'accezione rispetto ad un'altra.

Se la scelta mostrerà una virazione particolarmente alienata da un pensiero per così dire standard, questo materiale sarà utile per le successive sedute.

Dell'Analogia: permettere la comparazione di persone, oggetti e paesaggi permettendo il fruire delle sensazioni e della costruzione di un racconto, si può attivare in un contesto collettivo o singolarmente, il fruitore può mettere in relazione immagini emotive a persone o luoghi oppure, o anche, costruire una ramificazione di collegamenti e narrazione temporale in modo tale da sfruttare il meccaniscmo della proiezione per liberare emozioni latenti.

9.2. Riguardanti Fotoracconti
Realizzati tramite Reportage o Autoscatti

Di Riconoscimento: una volta acquisita una certa dimistichezza col mezzo ai fruitori verrà chiesto di cercare il proprio ritratto all'interno degli oggetti e dei percorsi di ogni giorno; tale tecnica viene definita anche *riflessogramma.*

Un lavoro di autorealizzazione tramite il quale riscoprirsi, un'artista di riferimento per questa metodologia è sicuramente la fotografa Vivian Maier.

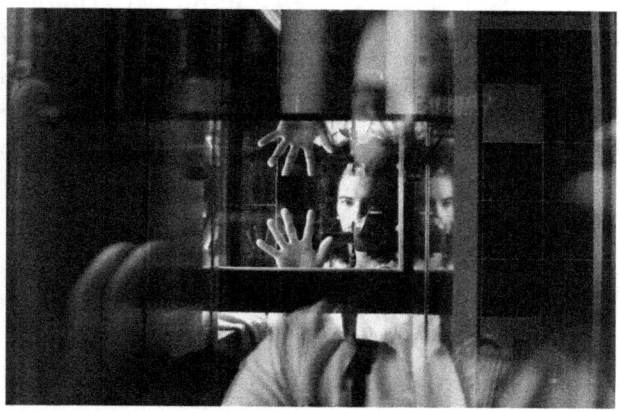

Di Documentazione: scattare delle fotografie durante la terapia può aiutare il fruitore a documentare e percepire come i suoi stati interiori possano riflettersi sul suo aspetto esteriore e palesarsi nel confronto con gli altri e la società. Quest'opera serve per far apprendere la propria condizione estetica cercando di spronare una cura esteriore e mirando ad una crescita dell'autostima.

Un gioco di confronto simile si può ottenere sezionando un ritratto di anni prima sovrapponendo metà di una fotografia scattata nel presente. In questo caso anziché l'analisi del progresso terapeutico si attiverebbe il riconoscimento del sé passato.

Di Posa: far assumere determinate pose o suggerire espressioni e mimesi di determinate emozioni, enfatizzandole teatralmente. Un'imposizione simile teatrale può aiutare il fruitore a prender coscienza dei suoi blocchi, dei suoi eccessi e delle sue percezioni riguardo a determinati sentimenti o imposizioni della propria postura o comportamento.

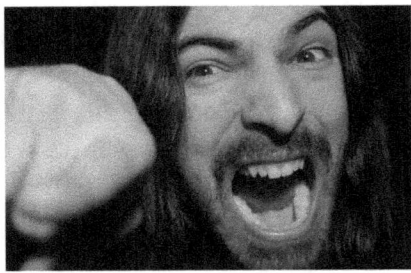 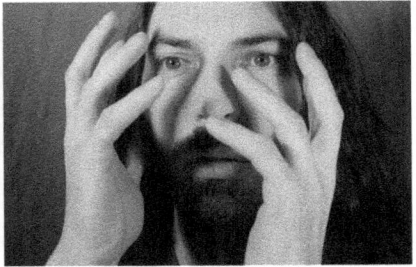

Di Autocoscienza: rappresentante tramite un reportage dai tre ai cinque momenti rappresentativi della propria routine giornaliera. Questo permette un impegno attivo nella fase di scatto e ricerca ed una riflessione su quel che viene svolto durante la giornata e sulla scelta di ciò che per il fruitore è ciclico e costante.

Di Narrazione: allineando delle fotografie casuali fornite dal terapeuta e/o dal fruitore allacciare un racconto, un libero flusso di pensiero dove la linearità della storia può anche esser ramificata ma sempre collegata ad uno o più fili conduttori.

L'immagine fotografica diventa il tassello di un puzzle in grado di collegare accadimenti ed emozioni in una maniera più fluida e liberatoria.

Della Mappa della Vita: sfruttando le fotografie del vissuto del fruitore chiedere di disporne alcune a scelta in maniera cronologica e funzionale creando una linea temporale degli accadimenti rievocando un percorso durante la cui costruzione poter percepire rifiuti, blocchi o rammarichi

Di ricostruzione: ricostruire le fotografie del vissuto mimando le pose, le situazioni, gli ambienti e le persone dell'immagine. Un lavoro puramente rievocativo nel quale si possono risvegliare emozioni latenti.

Del Reportage Familiare: spingere il fruitore a documentare la propria famiglia ed i luoghi a lui cari fin dove possibile, questo dipende dalla disponibilità delle persone a lui vicine e serve per metter in luce il suo rapporto con loro.

Di *Appartenenza*: realizzare un autoritratto riguardo alla propria sensazione in relazione al mondo. Ovvero, come ci sentiamo rapportandoci con l'esterno. L'autoritratto può esser sì classico o realizzato con tecniche miste.

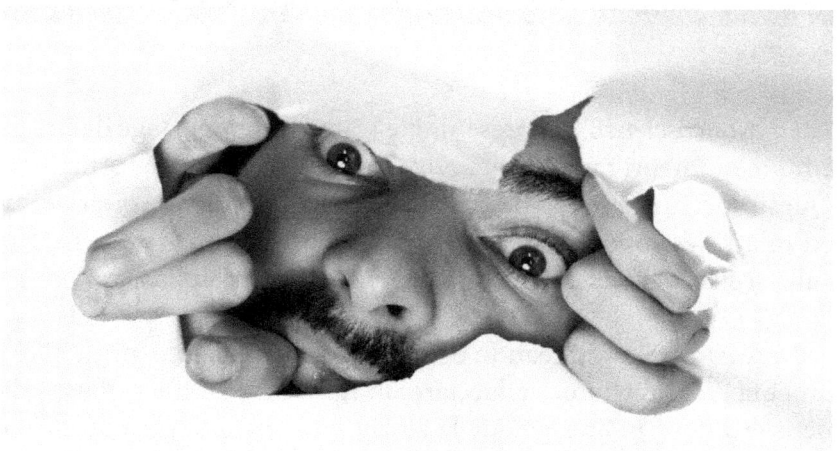

9.3. Riguardanti le interazioni simboliche

Nel quale gli oggetti relazionano e supportano la fotografia e la creazione dell'immagine conferendole un maggior peso psicodinamico

Del Gioco: lasciar libertà di gioco al fruitore il quale avrà a disponibilità oggetti e materiali coi quali poter interagire ed esprimersi, ad esempio un cono stradale, delle maschere o altro ancora. Una liberazione catartica in grado di favorire la sensibilizzazione e la sicurezza verso il terapeuta ed il mezzo fotografico inteso come gioco e non come freddo strumento.

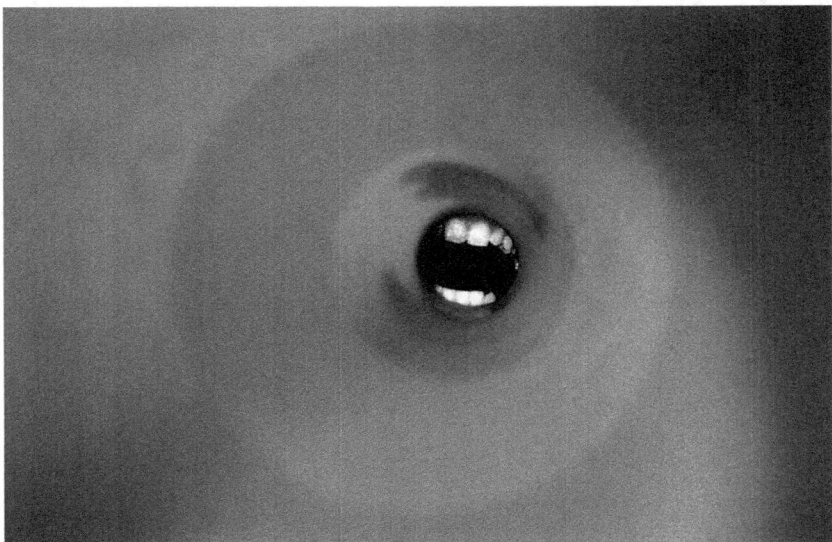

Di Proiezione: tramite un proiettore sovrapporre all'immagine del fruitore fotografie o scritte lasciando interagire dunque un altro messaggio in maniera 'fisicamente' estetica sul proprio corpo, come un tatuaggio temporaneo del quale non rimarrà altro che una fotografia, analogamente si potrebbe agire scrivendo con della pittura apposita sul corpo del fruitore. L'esternazione del proprio pensiero si materializza nelle parole trasportate sul proprio corpo che diventa un foglio bianco, le emozioni verbalmente inesprimibili invece utilizzano la simbolizzazione di altre immagini per palesarsi e mescolarsi al fruitore.

Di Interazione: utilizzando fotografie stampate e di varie dimensioni (preferibilmente monocromatiche per permettere un risalto estetico) lasciar il fruitore agire a propria volontà con materiali ed oggetti presenti in studio o portati appositamente per l'occasione. Le fotografie potranno esser lasciate intonse oppur strappate, bruciate, infilzate, congelate,... la componente performativa, l'azione da parte del fruitore sarà una parte fondamentale per l'analisi del lavoro, così come la scelta delle fotografie e degli oggetti. Un metodo particolarmente catartico e liberatorio.

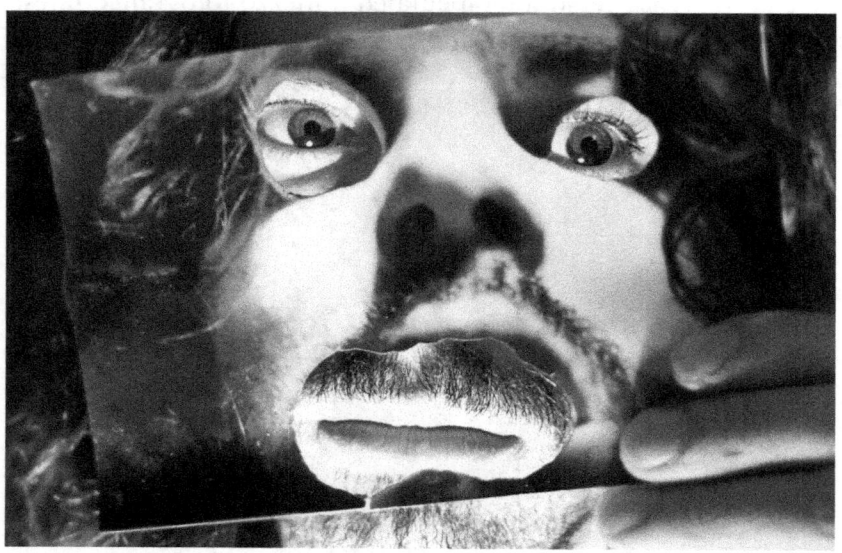

Del Lightpainting: il lightpainting ed il suo carattere leggero e catartico se ben usato può trasformare la luce in disegni o scritte spinte dall'inconscio durante il gioco. Una tecnica soprattutto ansiolitica in grado di far prendere confidenza con il mezzo fotografico depauperandola dalla sua fredda componente meccanica.

Di Trasposizione: usufruire del corpo al pari di una mappa delle emozioni/sensazioni alle cui zone specifiche apporre grazie a del nastro adesivo di carta fotografie rievocanti tale espressione (d'archivio o preparate appositamente). Ad esempio per la testa impensierimenti, per il cuore l'amore e le passioni, per i polmoni la libertà, per le mani la rabbia, per le braccia ciò che dona la forza, per lo stomaco la necessità, perle gambe le esigenze. Un lavoro incentrato sulle varie pulsioni latenti ed agevolato da un collegamento corporeo specifico. Le fotografie possono rappresentare persone, luoghi, oggetti o eventi particolari.

Della Nuvoletta: sfruttando questo segno grafico, il balloon dei fumetti, integrarlo ad un autoritratto, usandolo dal vero o montandolo in un secondo momento sopra alla fotografia. Successivamente la stessa tecnica si può utilizzare sulle foto riguardanti familiari e conoscenti, usando fotografie d'archivio e lasciando che sia il fruitore ad inserire il pensiero alle persone di riferimento.

Del Volto Vacuo: un lavoro analogo a quello *Della Nuvoletta* consiste nello svuotare il volto della persona ritratta ponendo al posto del volto un vuoto colmabile. In questo caso anziché il pensiero si andrà ad analizzare più a fondo l'emozione della persona ritratta, le sue sensazioni interiori, verbali o meno che andremo ad inserire in un contesto bianco.

Della Riconfigurazione: stampando diverse fotografie del volto e/o del corpo andare a strapparle, ritagliarle, manometterle, per poi ricomporle. Questa operazione potrebbe portare alla luce negazioni rispetto al proprio aspetto fisico o le distorsioni del fruitore riguardo a se stesso.

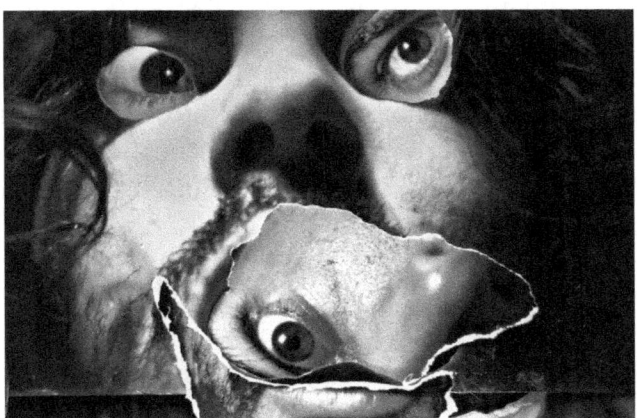

Del Teatrino Surrealista: utilizzare una scatola ritagliata appositamente per costruire dei diorami liberi o rappresentati particolari momenti utilizzando immagini fantastiche, d'archivio o personali del fruitore. Una rielaborazione del vissuto tramite il fiabesco ed il surreale.

Della bambola vivente: prendendo una scatola o un contenitore piccolo simile, si possono far apporre al fruitore le estremità della propria persona o di un'altra in modo tale da riformare una figura umana con al posto del corpo un involucro nel quale mettere oggetti o ritagli.
Gli oggetti inseriti saranno un richiamo simbolico di quello che il fruitore riterrà essere l'animo del fantoccio costruito e quindi della persona rappresentata.

Di Appartenenza: consigliare al fruitore di portar con se alcuni suoi autoritratti stampati coi quali poter interagire nei luoghi a lui più consoni, in maniera tale da permettergli un riallacciamento col mondo, con la natura e con la società circostante.

Di Ricostruzione: realizzare un autoscatto dove il volto è stato ricreato precedentemente su di un foglio utilizzando una qualunque tecnica. in questo caso avviene dapprima un riconoscimento del volto che soprattutto in soggetti senza particolare scolarizzazione accademica risulterà primitivo ed efficace in quanto mostrerà seppur grezzamente le parti del volto soggette a disconoscimento.

Fantasmatico: grazie a pennarelli indelebili colorati o colori acrili lasciar intervenire liberamente il fruitore su fotografie preesistenti o recenti (preferibilmente monocromatiche per una questione estetica di enfasi) lasciando che sia lui a far fluire spontaneo un messaggio.

Tutti questi lavori potranno portare ad un automatismo nel quale le creazioni sorgeranno spontanee e in maniera ludica, il simbolo tramite il gioco emergerà in costruzioni apparentemente sconnesse.

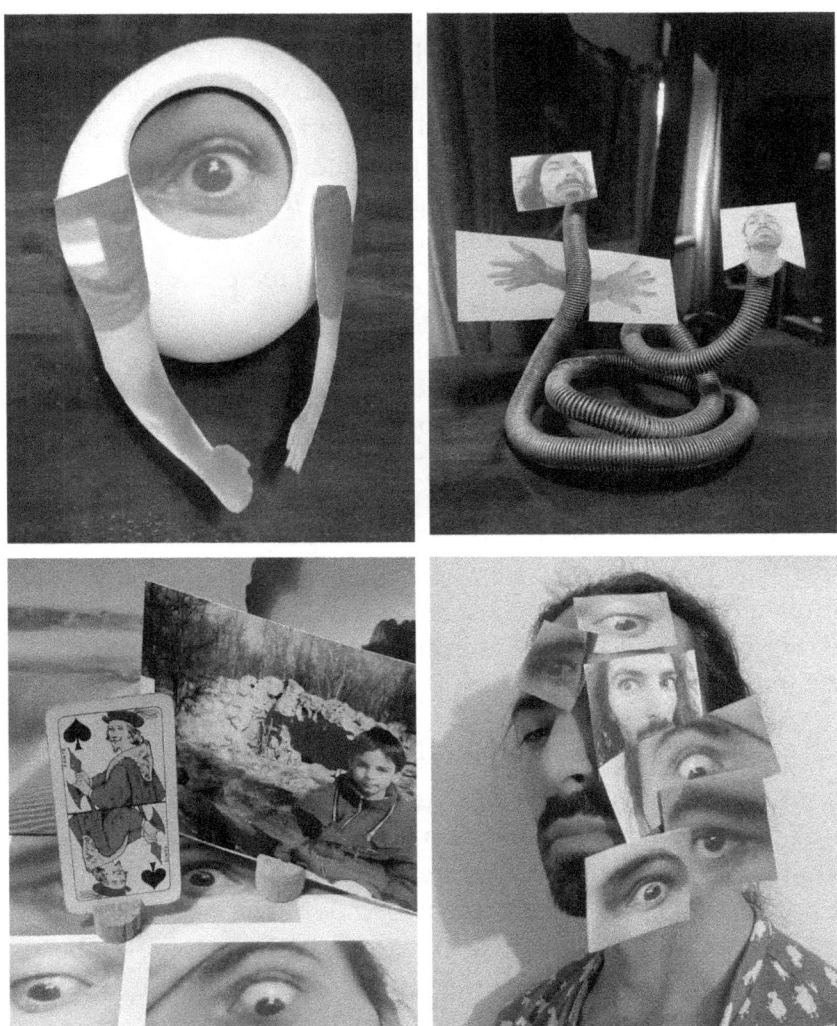

Per una semplificazione iniziale basterà fotografare mani, volti, occhi, bocche e preparare su un file a4 un collage di immagini da stampare su una normalissima stampante, anche in bianco e nero, per poi andare ad apporre tali immagini in posti per noi adatti.

I risultati dei suddetti lavori sono puramente soggettivi e riguardanti le doti e le capacità empatiche e d'analisi del terapeuta in grado d'estrapolare da questi quei comportamenti anomali e particolari nei quali rifugge la malattia mentale. Durante la costruzione delle Fotografie Terapeutiche Psicodinamiche sarà spesso necessario l'aiuto tecnico ed il supporto emotivo verso il fruitore/artista il quale sarà coadiuvato anche, se ben accolta, da una componente verbale in grado di domandare e motivare le varie scelte in maniera non invasiva. Si tratta di risvegliare attivamente la mente ed il corpo del paziente portando in esso una nuova spinta emotiva in grado di risvegliarlo dal rorpore e nel farlo di portar con sé, all'esterno, quelle piccole latenze di materiale psichico nel quale si annida il malessere.

La fotografica psicodinamica si avvale di due metodologie, la prima è l'interpretazione del messaggio latente nelle fotografie, l'altra, quella maggiormente propensa ad esser considerata psicodinamica, nell'apprendere la tecnica ad un livello tale da poter esprimere autonomamente il proprio messaggio.

Un lavoro particolarmente lungo e difficoltoso nel quale bisogna agire con prontezza e fermezza chirurgica in quanto un nonnulla potrebbe spezzare l'incantesimo del transfert, della fiducia, e far richiudere il fruitore nuovamente in se stesso in maniera irriparabile.

Questi giochi miglioreranno la consapevolezza dei propri mezzi di espressione da poter utilizzare autonomamente in maniera ansiolitica, di fatti l'ostacolo più grande verso la fotografia è spesso una paura verso la sensazione fredda e meccanica del mezzo in grado d'immortalare per sempre la nostra imperfetta immagine e porteranno il fruitore ad una progressiva crescita dell'autostima tramite la sdrammatizzazione di se stesso e di ciò che potrebbe incutergli timore. Ridicolizzando dunque l'elemento inconscio che genera il malessere lo si può affrontare per tornare alla fonte e depauperarlo della sua caratteristica malevola in grado d'impedirci una vita ed un equilibrio emotivo.

10. Esperienze Personali

Ricordo perfettamente la prima fotografia che scattai con un qualche tipo di intenzione, avrò avuto otto anni e giocavo con la compatta analogica presa in prestito ai miei genitori. Ero sulla spiaggia di Castiglione della Pescaia e mentre scattavo rivolto al mare di un tardo pomeriggio mi ero accorto del movimento della chiusura del diaframma e incuriosito dal rumore meccanico dello scatto decisi di rivolgere l'obbiettivo verso di me.
Cercando di indagarlo mi sentii uno stupido in quanto analizzando il meccanismo non pensai al fatto che in quel modo mi sarei scattato una fotografia.
All'epoca fuggivo sempre dall'obbiettivo fotografico, preferivo già rimanere dall'altra parte e quindi mi sentii non poco sprofondare dalla vergogna per quell'intimo autoscatto rubato.
Anche se il primo approccio avvenne perchè da bambino mal sopportavo le gite dell'asilo e quindi utilizzòarono l'escamotage della fotografia per 'aggirarmi' dandomi lo scopo di documentare le visite.

Con l'arte ho avuto un rapporto conflittuale in quanto incapace d'esternare quel talento al quale miravo. Nonostante i vari tentativi non ho mai avuto quella dote innata nelle arti figurative, forse a causa di una percezione sfalsata della realtà e di un'eccessiva materialità e pesantezza d'animo.
L'arte l'ho indagata ed approfondita soprattutto sul piano psicologico e filosofico cercando le motivazioni in grado di spingere un artista alla creazione ma sul piano creativo ho sofferto in tutte le tipologie di arte la mancanza del talento; eccezion fatta ovviamente per la fotografia. Inutile menzionare il rapporto ancor oggi controverso della fotografia con le altre arti, a maggior ragione considerando che il mio percorso mi portò ad odiare in un certo qual modo per questo la fotografia tentando di depauperarla da se stessa ed agendo sul mezzo bidimensionale trattandolo come un

assemblage, ovvero attuando modifiche e trasformazioni all'immagine che poi andavo a rifotografare in un circolo vizioso.

La passione mia più grande era però all'epoca la letteratura, che riscoprii in seguito quando iniziai a scrivere saggi sull'arte. Divoravo libri con una pulsione compulsiva tanto che il mio eroe già era Monaldo Leopardi.

Alle medie scrivevo opere poetiche ispirato dal decadentismo e dalla scapigliatura mentre per quanto riguarda i racconti miravo ad un realismo magico ottenendo al contrario solamente una mera imitazione lovecraftiana. Persi però quasi tutto il materiale poiché il portatile dell'epoca sul quale erano contenute tutte le mie opere infatti si ruppe irrimediabilmente. Riuscii a riscrivere a memoria molte di quelle parole perdute, ma non tutte e non con la stessa enfasi ma senza un gran rammarico in quanto creavo per diletto e non uno scopo conservativo e futuro.

Come la maggior parte dei ragazzi trovavo invece sollievo negli scarabocchi, nel doodling, soprattutto in quelli che poi scoprii esser dei Mandala geometrici e per i quali sviluppai un'insana ossessione.

Del periodo delle superiori ricordo ancora vagamente un sogno che feci, c'era un mondo, un piccolo mondo, grande abbastanza da ospitare solamente una biblioteca, due o tre ville e una piazza. Il nucleo di questo pianeta era scoperto in quanto per gran parte del pianeta risultava frammentato. Si accedeva al nucleo azzurro elettrico e brillante tramite delle scale sospese nello spazio che portavano a queste mura medievali e i cinque saggi lì discutevano sul mondo che stava per finire. Ora, mi son dilungato ben troppo su questo sogno ma il fulcro è che lì, nelle pareti della stanza del nucleo vi era un quadro che osservai molto da vicino, al punto tale da svegliarmi con quell'opera in mente. La abbozzai subito e poi con i pennelli acrilici la replicai. Non ho mai avuto una grande tecnica, anzi, a dirla tutta con la pittura sono abbastanza negato, ma l'opera del sogno rispecchiava anche la mia capacità tecnica e quindi riuscii a trasportare quella materia intangibile al di fuori del sogno nella sua interezza. L'opera raffigurava tre persone immerse fino al ginocchio nel mare di una baia notturna, tutto era in toni freddi e in variazioni di blu, le persone stilizzate e prive di lineamenti facciali guardavano a terra, chini, la calma della marea mentre un terzo volgendo lo sguardo al cielo dove splendeva un'azzurra luna piena si spezzava in due, quasi ascendendo al cielo, con le braccia verso l'alto ed emettendo fiamme dalle fauci approssimate. La rottura della figura causava la fuoriuscita di sangue fissato in quel momento quasi come una esplosione ed era l'unico elemento rosso oltre alla fiamma.

Quel quadro era ovviamente tecnicamente deludente, ma sorprendentemente nel sogno era rappresentato con quella stessa tecnica infantile e primitiva con la quale sapevo di potermi esprimere. Si può leggere tutto il simbolismo che si vuole in questo sogno adolescenziale, ma quello che mi colpì fu la vivacità con la quale sognai l'opera ed il poterla concretamente toccare alcune ore dopo il mio risveglio.

Sempre negli anni delle superiori mi riappropriai del mezzo fotografico in maniera maggiormente attiva ed iniziai ad esercitarmi fotografando per il Motoclub White Speed Team di Valbrona, molto attivo sul territorio con gare, eventi, esibizioni e successivamente fotografando matrimoni, feste e cerimonie per amici e parenti.

Arriviamo allora al 2010 ed alla prima esposizione in via Dante a Milano, per IF... Innovation Festival. La foto venne esposta assieme alle altre finaliste su dei maxi pannelli e riguardava il dinamismo di un finestrino del treno Milano-Asso in corsa, al quale diedi una grande spiegazione futuristica.

Già da un annetto però iniziai il mio percorso come molti artisti, basandomi sull'autoritratto e fotografando le parti del mio corpo in relazione con l'ambiente, con gli oggetti, per arrivare un rapporto con la natura ed il superuomo dannunziano. Al quale però successivamente preferii un più cosmopolitico Oltreuomo (Übermensch). Con questa primissima esposizione dentro di me si attivò qualcosa, intuii di potermi distaccare dall'esser semplice spettatore per diventar parte attiva nel processo creativo.

Sul tema fu "Il ritratto" dove mi rappresentai nell'intendo di dipingere me stesso, ovvero con un pennello in mano pronto a dar l'ultimo tocco pittorico ad uno specchio posto sul cavalletto, fu la prima opera della serie Oltreuomo a venir esposta in un locale letterario della capitale.

Un'altra opera fu "L'urlo" nel quale utilizzai un cono stradale tenuto leggermente distaccato dalla bocca ed i denti erano colpiti da una luce proveniente dal basso facendoli in questo modo risaltare.

"Panismo" invece lo composi raccogliendo scaglie di pigne del cedro dalla strada che dal parcheggio mi portava al lavoro quando feci il praticantato nello studio del Geometra Conti di Asso. Raccolsi quelle scaglie in più occasioni, fino ad averne abbastanza da poterle attaccarle col nastro adesivo di carta al volto a simboleggiare un ritorno alla natura da parte dell'uomo.

In quegli anni mi avvicinai al fotografo Franco Bartolini, all'epoca frequentatore del bar di famiglia, la Taverna del Luf. Dai suoi affetti personali e dai suoi racconti si evinceva una vita intensa ed una passione per la storia del Triangolo Lariano. Fu il mio primo maestro e tra i molti suoi vanti c'era quello d'esser stato allievo di Helmut Newton e sua moglie e d'aver passato mesi di apprendistato nel suo studio. Da lui imparai ad investigar i territori e ad aguzzare l'occhio, mi insegnò le luci da studio e la preparazione delle modelle oltre all'osservazione della luce naturale, in particol modo ricordo quando mi mandò ad osservar la Grigna verso il tramonto poiché assumeva una colorazione calda che tendeva dall'arancione al rosso ed al rosa nel giro di pochi minuti.

Nello stesso periodo produssi il lavoro "L'inconscio" sfruttando il meccanismo, inconscio per l'appunto, della proiezione in maniera simile al test di Rorschach. Grazie ad una determinata lama di luce presente nella stanza riuscivo a fotografare le forme spontanee prese dal fumo dell'incenso e ad immortalarle. Avevo costruito un rito soggetto ad orari e determinati giorni dell'anno ed all'interno della stanza muovevo le correnti per cercare di realizzare diversi tipi di effetti limitando i miei movimenti nell'oscurità e cacciando quei fantasmi così eterei ed effimeri. Il lavoro durò mesi ed a più riprese, la quantità di scatti utilizzati e degli scarti fu ridicolmente elevata ma il lavoro mi soddisfo molto. La serie successivamente venne stampata su acetato per una sfilata sui navigli di Milano della stilista Sofia Alemani con la quale ripresi il meccanismo della proiezione per re-interpretare alcuni suoi abiti in maniera astratta in occasione della sfilata.

Mi ritrovai allora diciottenne ad entrare nel Circolo Fotografico Como dove conobbi molte persone, fotografi ed artisti importanti e capaci. Ci ritrovavamo ogni martedì sera dandoci degli obbiettivi e degli esercizi per la settimana seguente e che poi avremmo analizzato assieme. Come primo compito ricordo quello che mi diede Carlo Orsi, ovvero fotografare ogni volta la stessa identica composizione still-life con impostazioni manuali sempre più scure, ed ogni volta mi lamentavo opponendomi poiché la fotografia non andava mai bene "Non è possibile, ancor più scura di così non avrebbe alcun senso", e invece ogni volta ottenevo una foto sempre più buia e fuori dai normali canoni estetici ma mai del tutto nera. Nella sua semplicità fu per me una illuminazione.

Con il gruppo del circolo indagammo tra le tante discussioni il sogno nel reale cercando dapprima gli elementi del sogno nel reale per poi arrivare a fotografie totalmente prive di elementi in grado di suggerire il tema ma permeate da quella sensazione onirica, un'altra ricerca interessante fu l'analisi delle figure retoriche all'interno dell'immagine fotografica.

La fotografia di quei tempi mi accompagnava ovunque e giravo sempre con la tracolla o con la reflex nello zaino, nei momenti più bui, in tutti i sensi perchè spesso vagavo di notte in solitaria, prendevo l'auto e la macchina fotografica e col cavalletto mi mettevo nelle città, nei paesi e nei posti più disparati cercando sempre un'inquadratura, un momento migliore.

Proseguendo col mio interesse verso l'arte in generale giunsi a un corso sulle maschere e sul teatro tenuto dall'Officina Teatro l'Sgorbi. Non fu solamente un'esperienza materiale dove costruimmo una maschera partendo dal nostro volto ma vi fu anche lo studio e soprattutto l'incarnazione e la costruzione dello spirito della maschera attraverso veri e propri esercizi di psicodramma. Dovevamo pensare al nome, alle caratteristiche della nostra futura maschera e ci esercitavamo con i portamenti, la respirazione, e le interazioni dove proiettavamo la nostra sfera personale nella sua relazione e non-relazione con gli altri intenti a sviluppare le proprie caratteristiche. Una delle cose che mi colpì maggiormente fu l'apprendere come guardano le maschere nel teatro, ovvero col naso, questo per quanto scontato dava tutta un'altra dinamica al portamento. Successivamente ci trovammo spesso a tirar notte fonda o addirittura mattino nella costruzione fisica della nostra maschera.

Un altro corso importante fu quello di gruppo tenuto da Jaime Poblete durante il quale riuscii a sviluppare uno stile ed una tecnica basata sui colori ad olio e sull'impressione della figura umana dal vero. Durante le sue lezioni si parlava appassionatamente e calorosamente d'arte indagandone il gesto, il clima che si creava era quello di un gruppo molto saldo ed unito. Lì appresi di quanto può influire la vista fisica delle persone sullo stile pittorico in quanto nella fotografia l'immagine viene 'avvicinata', portata a noi, mentre invece nel ritrarre dal vero la distanza tra noi ed il soggetto resta invariata ed in questo si subisce l'influsso di eventuali difetti visivi come infatti è chiaro in Claude Monet o in Edward Munch per esempio.

Nel 2011 mi venne proposto di curar interamente in autonomia un libro per il cantiere nautico Tullio Abbate, fu il primo vero libro scritto e curato interamente in autonomia. Impiegai tre mesi a scrivere, recuperare il materiale, le interviste, le foto, l'impaginazione e da quel momento appresi il metodo grazie al quale poter raccogliere le impressioni e le idee sull'arte che da anni annotavo. Pochi mesi dopo iniziai quindi la stesura del primo saggio: 'L'anima dell'artista' durante la cui revisione, già lavoravo a dei giochi sulla fotografia strappandola e maltrattondola, mi capitò che uno scarabeo dorato volò e si posò proprio sopra ad un autoritratto che usavo come segnalibro alla stampa di prova del libro. Allora presi la macchina fotografica e senza alterare la scena scattai, successivamente arrivò un altro scarabeo lì vicino che presi ed affiancai all'altro. Da lì nacque ufficialmente il concetto della 'Diffrazione dell'Io' dove raggruppai anche altri lavori inerenti e dove la chiave non era più puramente fotografica ma era la manipolazione della bidimensionalità dell'immagine e quindi il principio della Fotografia Psicodinamica. Un lavoro al quale affiancai un altro portfolio basato sulla fotografia di ambienti urbani in correlazione con la natura, ad esempio dei denti di leone fotografati davanti alla foto poggiata nell'erba di un semaforo.

Era quello il periodo delle numerose esposizioni, collaborazioni e delle pubblicazioni poetiche su svariate antologie ma fu durante la 'Who Art You? 2' organizzata dalla Nolab allo Spazio Concept di Milano che grazie all'opera "La Maschera dell'Uomo" mi aggiudicai assieme ai finalisti delle altre categorie la prima esposizione londinese alla Brick Lane. In quella fotografia l'ombra ridefiniva il calco del teschio sulla carne, lasciando le orbite cave, e veniva interrotta bruscamente sul volto unicamente da un simbolo di vita, ovvero i baffi. L'idea della fotografia, oltre ad essere una sperimentazione sempre legata all'Oltreuomo era quella di rendere l'idea ad una poesia del Tarchetti "Quando bacio il tuo labbro profumato cara ragazza, non posso dimenticare che sotto c'è nascosto un bianco teschio", oltre a ricordare le maschere greche e l'essenza della ritrattistica in bianco e nero in correlazione alla pelle smorta e cerulea di chi è venuto a mancare.

Dal 2013 al 2014 insegnai da volontario fotografia terapeutica presso la CPA Sant'Anna - Comunità Protetta ad Alta Assistenza di Asso (Co). Usai il mezzo soprattutto come strumento ansiolitico di gruppo coinvolgendo gli ospiti preadolescenti nel potere attrattivo della fotografia ottenendo risultati al di sopra delle aspettative degli Educatori e dei professionisti della struttura. Durante la prima seduta usai il metodo del bombardamento delle immagini dividendolo per categorie ed al quale ebbi un ottimo riscontro. Seguii il più possibile l'inclinazione di ogni ragazzo cercando di dar spunti ed esercizi riguardo alle loro inclinazioni oppure facendo diventare gli individui maggiormente esagitati da autori a soggetti, questo cambio di ruolo lo trovai particolarmente interessante poiché alcuni elementi passarono da ostili verso il mezzo a validi aiutanti. L'ultimo pomeriggio con loro lo dedicai all'espressione ed al gioco libero insegnando il lightpainting e seguendo i loro liberi voleri.

Da questa esperienza presi lo slancio per curare ed organizzare l'evento 'Arte & Sinergia' presso l'Opificio Zappa di Erba improntato tre giorni di eventi, performance, mostre con lo scopo di presentare l'arteterapia nella provincia di Como. All'evento parteciparono le associazioni Tango Pasiòn e Mutar.

Sempre nell'anno 2014, grazie all'Artificio di Como, entrai in contatto con l'artista Antonio Catalano partecipando alla creazione delle sue sculture dei Mondi Fragili e per il quale girai una breve intervista improvvisata. Eravamo un gruppo di persone che con bambù e oggetti personali o forniti da Artificio creavamo questi fantocci fragili (poi esposti negli spazi urbani della città) inserendo e scegliendo determinate fattezze e mobilità, in alcuni casi anche foto o campanelli in grado di suonare nel vento. La sua tematica di vita sulla fragilità è forse la poetica più forte e strutturate che abbia mai visto radicata in un artista. Rimasi profondamente colpito dal suo stile di vita e dalla sua motivazione e ricerca estetica e sociale.

Iniziai molte collaborazioni, interviste ed esibizioni con associazioni e personaggi noti del panorama comasco e milanese tra i quali il fotografo Filippo Simonetti col quale avevamo l'abitudine di intrattenerci in proficui dialoghi sulla fotografia, sulla filosofia e sull'arte.

La brutta abitudine a non conservare le immagini prodotte si riprensentò durante una importante collaborazione quando per esigenza fui costretto ad utilizzare l'hardisk dove per sventura conservavo le foto personali e storiche che vennero formattate in favore di un lavoro durato settimane. I portfoli artistici per fortuna si salvarono ma la fotografia d'altronde per me è sempre stata zen ed esistendo unicamente nel momento dello scatto la sua catarsi serve a scaricare l'ansia e non per incanalare determinate energie e quindi presi filosoficamente questa epurazione di tutti i miei ricordi passati digitali

Nel 2016 fui vittima un frontale con un'altra auto. La cosa più interessante di questa tragedia sfiorata fu però la mia reazione, appena ripresi coscienza in corsia dopo ore deliranti la prima cosa che feci fu un autoscatto col cellulare ancora nella mia tasca.

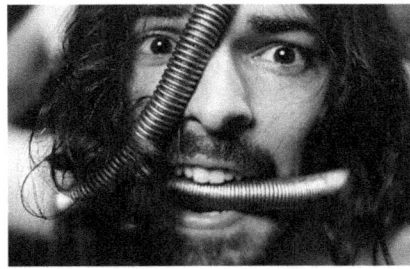

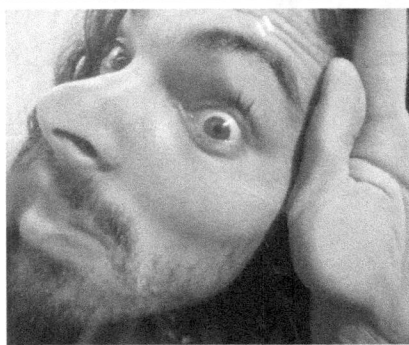

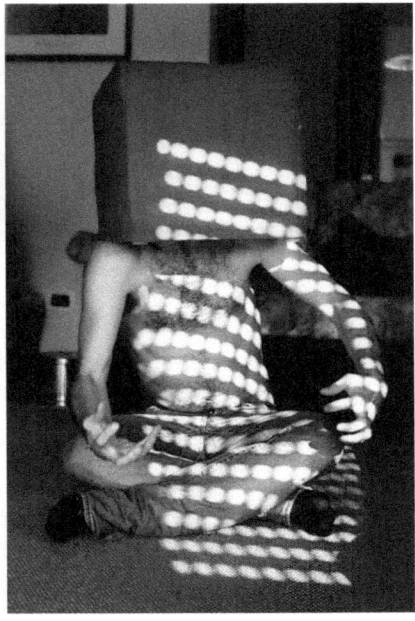

11. Verso La fotografia Terapeutica Psicodinamica

La fotografia non è mai riuscita ad uscire da se stessa, da questo concetto è nata la serie Diffrazione dell'Io nella quale un oggetto, una persona, o un luogo che interagiscono con una fotografia stampara diventano un modo d'interazione, un livello, una nuova dimensione con la quale l'immagine stampata e dimensionale può comunicare tornando però alla fine del procedimento in se stessa.

Un'interazione, un'azione simbolica e ludica, giocosa dunque, costretta però ad abbandonare la sua materialità tornando ad essere documento.

Schiacciata dalle arti la fotografia ha sempre cercato inutilmente un suo posto nel mondo, ma sopraffatta dai social e sdoganata dalle regole ferree io vi chiedo, chi è il vostro fotografo preferito? Quanti altri ne conoscete?

A queste domande purtroppo la maggior parte della popolazione non saprà rispondere e che mi porta a ricordare la citazione di una carta di Magic: The Gathering, ovvero *'La Gloria era Sparita, La Gloria era ovunque'*, questo ho sempre pensato riguardo a quest'arte trascurata. Siamo stati bombardati in questi ultimi anni dalla fotografia al punto che neppur viene più stampata, salvata, ricordata, è divenuta effimera, le sue regole si sono perse ed ogni cosa è divenuta fotografia e quindi è venuta lentamente a mancare, le immagini pubblicitarie sono ormai rendering o creazioni digitali, la fotografia è una testimonianza vuota del nostro passaggio palesata sui social solamente in favore di una nostra nuova immagine con la quale identificarci ma della quale non resterà più nulla.

Mi son scontrato con queste esistenzialità fin da una delle prime fotografie della serie Diffrazione dell'Io scattata ispirato dal tema Sogno di un concorso interno del Circolo Fotografico Como nel 2009 o 2010, e fu L'anima dell'artista. La scelta di applicare chewing gum masticato sopra la fotografia del proprio volto simboleggiava l'anima dell'artista masticata dal fruitore, depauperata del proprio gusto e risputata in faccia creando un'analogia della figura clownesca dell'artista nei confronti della società.

Anche se primi esperimenti di collage e con il proiettore ispirati a Three Transition di Peter Campus già erano stati tentati in questo vi era probabilmente il primo movimento incoscio psicodinamico.

La differenza sta nel livello successivo di lavorazione che permette al nostro autoritratto di diventare simbolo ed oggetto e col quale interagire. La tecnica si è evoluta dagli autoritratti esplorativi della serie Oltreuomo ai quali prima foto da bambino quando inconsciamente guardavo in camera, e Panismo con pezzi di pigna raccolti sul viale del lavoro e incollati al volto.

La primissima foto della diffrazione fu "Scarabeo, rigenerazione" dove dei maggiolini si posarono su una foto, avanzata dalle sperimentazioni di collage e usata come segnalibro.

Mentre negli autoritratti dell'Oltreuomo erano gli oggetti, e le luci a diventare maschere nella Diffrazione invece è un elemento esterno alla bidimensionalità di un'immagine già finita che la rimette in gioco con nuovi simbolismi per poi riportare l'opera finale viene sempre sul piano della fotografata.

La trasformazione e la manipolazione del proprio autoritratto o di altre immagini trasforma l'esperienza terapeutica in un gioco ed attraverso questo ridicolizza la maniera in cui il simbolico riaffiora permettendogli un ambiente sicuro in cui proliferare.

Cerchio Magico, così definisce Hohan Huizinga lo spazio sicuro del gioco, che una volta attraversato ci trasforma in un giocatore, un alter ego vincolato dalle regole del gioco e dalla fiducia in esso e nel suo sistema.

Lo stesso spazio sicuro che si vorrebbe costruire nel setting creando una Meaningful Play Experience da Katie Salen e Eric Zimmerman, un'esperienza ludica significativa, una relazione fra azioni e risultato del sistema, in cui ogni azione deve essere facilmente riconoscibile e integrata, ovvero influenzare il corso della partita e non solo quell'istante.

Il Cerchio Magico e la Meaningful Play Experience sono concetti presi in prestito dalle teorie sul Gioco e sono elementi fondamentali da dover integrare all'interno di un percorso terapeutico, si può dire che l'intera Fotografia Terapeutica Psicodinamica si basi su queste capacità accattivanti e poco aggressive del gioco.

L'espressione non verbale permettere di rievocare, trasformare ed elaborare l'inconscio attraverso una ricostruzione della fiducia del fruitore.

Il simbolo sboccia allora in un ambiente condiviso nel quale ogni oggetto può diventare un talismano, ovvero arricchirsi attraverso i simboli fino a diventare uno strumento utile e tangibile, in grado di influenzare il fruitore.

Indice Pag

Introduzione	3
1. L'ArteTerapia e la Società	5
1.1. L'individuo Vacuo	5
1.2. La Rottura Generazionale	7
1.3. L'Insegnamento ed il Simbolico	11
2. Nascita e Svilpuppo dell'ArteTerapia	17
2.1. Dagli albori al 1900	17
2.2. Durante il 1900	23
3. Pratica	41
4. Elementi	47
4.1. Il Setting	47
4.2. Il fruitore	49
4.3. L'Opera	50
4.4. Il Terapeuta	54
5. Concetti	59
5.1. Il Malessere	59
5.2. Il Divino nel Quotidiano	61
5.3. L'Epifania	62
6. La Nascita della Fotografia Terapeutica	65
7. La fotografia Terapeutica Psicodinamica	73
8. Tecniche	79
9. Esercizi Pratici	85
9.1. Collettivi	85
9.2. Riguardanti Fotoracconti	86
9.3. Riguardanti le Interazioni Simboliche	89
10. Esperienze Personali	95
11. Verso La Fotografia Terapeutica Psicodinamica	105

Documentazione di Riferimento

ARISTOTELE,
La Poetica
ARNHEIM RUDOLF
Art and Visual Perception: A Psychology of the Creative Eye
BOBON JEAN
Psychopathologie de l'Expression
CARRINO CANDIDA,
La Cura Morale nelle Case dei Matti di Aversa
CORNELISON FLOYD, ARSENIAN JEAN,
A Study of the Response of Psychotic Patients to Photographic Self-Image experience
DAVIS L. RICHARD,
Fire and Ice: Li Cunxu and the Founding of the Later Tang
DIAMOND WELCH HUGH
On the Application of Photography to the Physiognomic and mental Phenomena of Insanity
ERIKSON H. ERIK,
Explorer of Identity and the Life Cycle
FECHNER GUSTAVE THEODOR,
Elemente der Psychophysik
GARDNER HOWARD,
Frames of Mind: The Theory of Multiple Intelligences
GILMAN SANDER
The Face of Madness
GOETHE WOLFGANG,
Zur Farbenlehre (La teoria dei Colori)
GOMBRICH ERNST
Art and Illusion, A Study in the Psychology of Pictorial Reprentation
HILL ADRIAN,
Art Versus Illness
HIRTH GEORG,
Kunstphysiologie (Physiology of Art)
FIEDLER CONRAD,
ON Judging Works of Visual Art
JASPER THEODOR KARL
Allgemeine Psychopathologie (Psicopatologia Generale)

KANDINSY WASSILY,
   Point and Line to Plane
KERNER JUSTINUS,
   Kleksographien
KLEIN MELANIE,
   Love, Guilt and Reparation: and Other Works
KLEIN MELANIE,
   The Psycho-Analysis of Children
KRAMER EDITH,
   Art as Therapy with Child
KRIS ERNST, KURZ OTTO,
   *Die Legende vom Kunstker: ein geschichtlicher
   (La Leggenda dell'Artista)*
LOMBROSO CESARE,
   Genio e Follia
McENERY STUART, PAINE,
   Gobolinks
McLUHAN MARSHALL
   Undestamding Media, The Extension of Man
MORGENTHALER WALTER,
   Ein Geisteskranker als Kunster: Adolf Wolfi
NAUMBURG MARGARETH,
   The Child and the World: Dialogues in modern education
NAUMBURG MARGARETH, CANE FLORENCE
   The Artist in Each of Us
NEIL SNYDER JANET,
   Mask and Headgear of Native American Ritual/Theatre on the Northwest Coast
NEWTON ISAAC,
   Opticks, or, a Treatise of the Reflections, Refractions, Inflections and Colours of Light
PELUFFO NICOLA
   Immagine e Fotografia
PIAGET JEAN,
   The Psychology of the Child
PRINZHORN HANS,
   Artistry of the Mentally Ill
RANK OTTO,

Der Kunstler (L'artista)
RORSCHACH HERMAN,
Psychodiagnostik
SEGAL HANNA,
Dream, Phantasy and Art
SEGAL HANNA,
Melanie Klein
SIGMUND FREUD,
The Interpretation of Dreams
SIMON PAUL-MAX,
L'Imagination sans la Folie
TARDIEU AUGUSTE AMBROISE,
Etude Medico-Legale sur la Folie
VINCHON JEAN
L'art et la folie
VOLMAT ROBERT
L'Art Psychopathologique
WINNICOTT DONALD WOODS,
Playing and Reality
WINNICOTT DONALD WOODS,
Transitional Objects and Potential Spaces

Bibliografia di Andrea Silva

Tullio Abbate: Nascita, Storia e Leggenda del Mito (2011)

L'anima dell'Artista (2013)

Non fare lo Str**zo (2014)

Solamente un Uomo (2015)

La Società di Vetro (2017)

Tetralogia dei Saggi sull'Arte: La Salvezza dell'Uomo (2018)

Fotografia Terapeutica Psicodinamica (2021)

Dall'Oltreuomo alla Diffrazione dell'Io (2022)

L'Età del Gioco (2023)

www.ingramcontent.com/pod-product-compliance
Lightning Source LLC
Chambersburg PA
CBHW050315230526
45471CB00005B/2196